Ana María Verdugo G.

Dicen que soy puro teatro

Dicen que soy puro Teatro

Ana María Verdugo Gastélum

El Teatro es como un matrimonio,

tienes que elegirlo como eliges

a tu pareja.

Tienes que estar ahí, y hacerlo con

responsabilidad, con

entrega, con cariño y

gran pasión.

Tienes que darle tiempo y prioridad.

Ana María

Verdugo Gastélum

ÍNDICE

Prólogo

El crecimiento de una actriz

Durante mis 50 años como maestro de teatro, he tenido el privilegio de colaborar con actores excepcionales. No obstante, son pocos aquellos que poseen un conjunto distintivo de características y talentos que los diferencian, entre ellos, Ana María.

Ana María se inscribió en mi clase de actuación en el CEART en 2014. Desde entonces ha demostrado una dedicación constante y disciplinada, explorando sus primeros personajes con interés y aplicando técnicas teatrales de manera profesional. Además, ha participado en diversos proyectos con otros grupos y directores artísticos.

Ana María se destaca por su carisma, por su fuerte pero alegre personalidad, excelente dicción, voz potente y una belleza tanto física como interna que se reflejan en su desempeño actoral. Es la primera en investigar a fondo sus personajes para lograr una creación auténtica. Cumple con premisas básicas tales como "memorizar para olvidar", "encontrar el tono" y "cada personaje es un reto". Identifica hábilmente los rasgos físicos, psíquicos, intelectuales y culturales que distinguen a cada personaje.

En su primer papel en la obra "Bruna, la bruja bruta", desarrolló un monólogo divertido y audaz con una interacción elocuente y rítmica con el público. En "La appassionata" de Héctor Azar, abordó dos personajes, "Floralinda" y una "plañidera", demostrando su capacidad para gestionar emociones y transiciones de personajes repentinas. Posteriormente, interpretó a "La mujer elegante" en "Zuco" y a la madre de Alan en "Equus" de Peter Shaffer, consiguiendo personajes complejos con gran precisión y verdad.

Su soltura, naturalidad, profundidad emocional y experiencia teatral se evidencian en "La noche de los asesinos", donde representó siete personajes diferentes de manera magistral. En "El árbol del deseo" de Hugo Salcedo, incursionó en terrenos escabrosos y sexuales, proyectando sensualidad y crudeza con notable fuerza y seguridad. En "Las mariposas son libres" manejó la comedia de manera efectiva, creando un personaje que conmovió tanto al hacer reír como al llorar.

En la farsa trágica "Esta noche juntos amándonos tanto" de Maruxa Vilalta, logró un ritmo extraordinario en el diálogo "Pin Pon", encarnando a Rosalía, un personaje egoísta y desalmado con un amplio rango emocional. Finalmente, en el monólogo "Noemí", proyectó madurez actoral interpretando a una prostituta que se quita la vida, mostrando así una versatilidad adquirida a lo largo de una década de trabajo.

Ana María Verdugo Gastélum representa digna y profesionalmente a nuestra comunidad teatral en Tijuana, consolidándose como actriz versátil y comprometida.

Paúl Paredes
Director de teatro.
2024

Ana María

"Ana María", dijo mi mamá a la enfermera que la atendió durante su parto. "Sí, se llamará Ana María como usted, para que tambíen sea enfermera".

Y sí me llamaba la atención ser enfermera, pero no para ser la asistente de un médico, sino para usar ese vestido blanco de uniforme que siempre me ha parecido tan bonito como sexy. Como nací en una noche de Halloween un día me disfrazaré de enfermera y le cumpliré el sueño a mi mamá y yo me sentiré muy atractiva.

Lo cierto es que, quienes me quieren me llaman Anita. Pero soy Ana María, la amiga, la maestra, la madre, la hermana, la lectora, la actriz. Algunos que me conocen bien, saben que uso el seudónimo de Mariana, el nombre que mamá me decía para llamar mi atención.

Para mi nieta seré Abuelita Campanita, y así seré para ella algo más que una abuela; deseo que me imagine como si hubiera surgido de un cuento, de esos que tantos leímos juntas.

Puro Teatro

Parte 1

 Dicen que soy puro teatro 

Que soy puro teatro… una frase que me la han dicho muchas veces desde que me involucré en este arte de la actuación. El amor por el arte teatral me hizo dedicar muchos años de mi profesión de maestra de primaria a montar obras de teatro. Para mí, toda fecha era buena para armar una obra con mis pequeños alumnos de tercer y cuarto grado. Incluso al personal docente llegué a prepararlos también para que actuáramos el día de las madres.

Al inicio del ciclo escolar para dar la bienvenida a "Los Libros del Rincón", yo preparaba una obra de teatro de algún libro que elegía de la biblioteca, como los Tres Cochinitos, El Gato con Botas. Y, qué decir del quince de septiembre… muchos exalumnos pueden atestiguar que todos participan en cada ciclo escolar con El Grito de Independencia, donde don Miguel Hidalgo tocaba la campana de Dolores y lo acompañaban todos los héroes de la Independencia, y el resto del grupo representaba al pueblo que exigía un cambio en la sociedad mexicana. En noviembre montaba cuadros representativos de la Revolución Mexicana donde participaban Adelitas siguiendo a sus soldados, ya fuera "torteando" o empuñando armas. Los soldados valientes, unos con sus rifles y otros heridos. Qué decir en diciembre, que se montaban las posadas donde participaban ángeles, pastores y el diablo haciendo sus maldades.

En febrero era un clásico de mi parte, representar el pasaje de la historia "La Patria es primero", donde Vicente Guerrero se enfrenta respetuosamente a su padre. En marzo me encantaba, recibir la primavera con canciones de CRI CRI, como El casamiento de los Palomos, La Patita y muchos más donde los niños cantaban, bailaban y actuaban con muy bonitos vestidos de diferentes animalitos o personajes de este grandioso compositor mexicano Francisco Gabilondo Soler. En junio los alumnos representaban obras con un mensaje de amor, respeto y tolerancia a nuestros padres.

Dicen que soy puro teatro, porque los que nos dedicamos a esto tenemos que dar prioridad a los ensayos o presentaciones y debemos renunciar muchas veces a reuniones, fiestas, viajes y relaciones amorosas; para estos casos solemos decir la clásica frase: "No puedo, tengo ensayo". Muchas personas podrían pensar:

"Pobrecitos, ¡cómo sufren!". Pero en mi caso no es así, porque a mí me gusta ensayar, darle vida a mi personaje, convivir con mi maestro y compañeros de teatro. Al actor que le da flojera ir a ensayos, quiere decir que ésto no es lo suyo. A los que nos gusta actuar siempre será algo agradable asistir, dar prioridad a los ensayos, preparar nuestro vestuario, utilería, maquillaje. Al menos en mi caso lo es.

Yo agradezco a las personas que me quieren ya sea amigos o familia, me tengan paciencia por darle prioridad a este arte que realmente me llena. El teatro me ha dado muchas satisfacciones, y me ha curado de situaciones que viene uno cargando en el camino, ha sido mi psicólogo. Pero también en el camino me he perdido momentos importantes para convivir con algunas personas que me importan.

Si algunas personas opinan y preguntan que, si tanto me gusta, ¿por qué no estoy en otros niveles? ¿Por qué no estoy en algunas compañías de teatro o alguna producción de televisión? Mi respuesta sería:

"Porque así lo deseo. Porque me gusta disfrutar mi vida, mi familia, mis amigos, mi privacidad. Porque también me gusta ser cuentacuentos, gestora de promoción de los libros de José Héctor Buelna. Me gusta fomentar la lectura por placer en escuelas, bibliotecas y colegios. Y porque soy madre, abuelita, amiga y una fanática de conocer cafeterías en mi ciudad".

Y es que, en otros niveles de actuación teatral, es entregarte de lleno. Se debe de administrar el tiempo y las prioridades para después no arrepentirse de... "ser puro teatro".

Dicen que soy puro teatro

Mi dulce Marthita 

Cuando laboré como maestra por más de treinta años, siempre dediqué mi vida a dirigir obras de teatro con los niños de primaria; cualquier ocasión era buena para montarlas:

Para dar la bienvenida a "Los libros del rincón", por el Grito de Independencia, por La Revolución mexicana, en Navidad con las pastorelas, para festejar el inicio de la primavera, y para celebrar Día de la Madre o Día del Padre.

En una ocasión, para el día de primavera escogí el cuento de Caperucita Roja y elegí a Marthita, una de mis alumnas de cuarto grado. Ella se alegró mucho por mi decisión y fue corriendo con su mamá para darle la gran noticia. Le comentó que sería Caperucita Roja y que necesitaba un vestido como la del personaje, y también una canasta. Su mamá la abrazó y le dijo que sí, que le buscaría todo lo que ocupaba para que fuera la Caperucita más bella del mundo; que ella se preocupara por los ensayos y por aprenderse los diálogos.

Se llegó el día de la presentación de la obra. Todos lucían hermosos y lo hicieron de modo extraordinario. Al finalizar la obra, envuelta en aplausos, Marthita corrió con su mamá y le dijo:

"¡Mamita ya no tengo los pies chuecos! ¿Ya viste?" Al decirlo le mostraba sus piecitos que apuntaban para diferentes direcciones. "Si mi maestra Ana María no me los vio chuecos, entonces no los tengo chuecos, porque me eligió a mí para ser la protagonista".

Presencié conmovida la escena a cierta distancia. Su madre y yo llorábamos de alegría.

¡Y sí que fue bruta! 

Recuerdo que presentaría "Bruna, la Bruja Bruta" de Tomás Urtusástegui. Era un monólogo divertido con el cual me identifico mucho porque es brujita, sexy y divertida. Primero me di a la tarea de buscar un vestido acorde al personaje y lo encontré, así como me lo imaginé: largo, con una gran cola, color negro, ceñido al cuerpo, con un gran cinturón, con unas largas y anchas mangas deshilachadas. De accesorios utilizaría un gran sombrero negro y de utilería una computadora, un celular y una escoba hecha por mí misma, porque dicen que toda bruja debe crear su propia escoba.

Estos monólogos los presentaríamos en la casa particular de un escritor que gustaba de ofrecer arte a sus amigos, por lo cual convertía su casa en teatro.

Se llegó el día de la presentación de los monólogos: eran cuatro actores y sólo yo de actriz. Cuál va siendo mi sorpresa que uno de ellos metió al camerino una gran hielera con muchas cervezas. Me decían: "anda, tómale, amiga, para que te armes de valor". ¿Cuál valor? Yo entre más tomaba, más somnolienta me iba sintiendo, pero pues no podía negarme, tenía que estar en la misma onda que ellos. Por suerte nuestro director de teatro no se daba cuenta de la situación, porque de lo contrario hubiera suspendido el evento y nos hubiera puesto una buena regañada. Él nos hubiera dicho que, un actor serio no hace esas cosas, que estábamos manchando su buen nombre, y hubiera tenido total razón.

Las consecuencias:

Por error, unos se extendieron en sus diálogos, y a otros se les olvidaron. Aprendí la lección, pues eso de mezclar alcohol con diálogos en un escenario no es de lo más correcto. Pero eso nos pasó por ser principiantes. Beber antes de actuar es algo que nunca volveré a hacer; sabré decir no, porque está de por medio mi credibilidad y honorabilidad como actriz.

Con sombrero ajeno 

"Ana María, ven".

"Mande usted, maestro Mateo". Me puse súper nerviosa. Siempre fui una adolescente mal portada y temía que me llamara para hacerme algún señalamiento.

"Ven, quiero decirte una cosa. ¿Sabías que eres la muchacha más guapa de toda la escuela?"

"¿Yo, maestro? ¿No se estará equivocando?"

"Claro que no. Tú eres la indicada".

"La indicada… ¿para qué?" Le pregunté con cara de sorpresa.

"Mira, voy a poner una obra de teatro donde saldrán puros hombres. Se llama 'El Brindis del Bohemio', y tú serás la chica guapa, la que está sentada en una mesa en la taberna. Te pondrás un vestido lindo, mostrarás las piernas y fingirás que bebes vino de una copa, y también fumarás un cigarrillo. ¿Crees que puedas?"

"Sí, maestro, sí puedo y me entusiasma mucho la idea de hacerlo".

—Muy bien. Busca tu vestuario en casa y lúcete, tendrás que salir muy hermosa. Más adelante te aviso sobre los ensayos.

Llegué a casa y no le dije a mi mamá, no fuera ser que no me diera permiso debido al gasto que implicaba. Estaba tan emocionada que, fui corriendo con mi madrina (que era nuestra vecina); era doña Elvira, una señora grandota, hermosa, originaria del Estado de Chihuahua. Le pedí un vestido y unas zapatillas prestadas para la obra. Ella encantada abrió su clóset y me prestó un vestido azul muy sexy y unas zapatillas color piel. En mi salón de clases contaba con mi amiga Lourdes, ella me haría el maquillaje muy hermoso y lo digo porque ya me había maquillado en ocasiones anteriores. Por cierto, cuando llegaba maquillada a casa, mi mamá me descubría y me regañaba, decía que no necesitaba andar como payaso, cosa que no era cierta porque mi amiga maquillaba tan bonito, que una lucía igualita a las mujeres hermosas que salen en las revistas.

Tuvimos varios ensayos de la obra antes de que se llegara el festival del Día de las Madres. Me encantaban esas horas de ensayo porque yo podía convivir con muchos muchachos, que, de no haber sido por eso, yo no habría tratado a tantos hombres a la vez. Eran siete actores, el director de la obra y yo como única mujer del elenco. Fue una época en que los muchachos eran respetuosos, amigables y con mucho sentido del humor. Éramos una generación donde casi todos teníamos entre trece y dieciocho años.

Pues se llegó el día esperado de nuestra presentación de la obra titulada "El Brindis del Bohemio" de Guillermo Aguirre y Fierro, bajo la dirección del maestro Mateo Covarrubias. Había un narrador con una hermosa voz varonil. En el escenario había una mesa de madera grande, con seis sillas donde compartían y bebían seis caballeros. Ellos brindaban por su tema central: la mujer. Había otra mesa chica donde estaba yo, bebiendo acompañada de un caballero. Lucía mi sexy vestido azul, mis pantimedias transparentes y mis zapatillas color piel, hermosas, finas, elegantes, de la Zapatería de moda BBB.

Las madres empezaron a llegar muy puntuales y vestidas muy bonitas porque sabían que eran las homenajeadas, y entre ellas estaba mi mamá, que para mí era la más hermosa. Ella no sabía que yo pertenecía al elenco de la obra; yo quise que fuera una sorpresa. Como mi personaje no implicaba el estudio de diálogos, ella no tenía por qué sospechar sobre mi participación. Mi madrina Elvira que había sido mi cómplice, me prometió que no diría nada, siempre y cuando le regresara lo que me prestó, en buen estado. Y así se lo había prometido.

Al finalizar la obra con un mensaje tan hermoso, las madres de familia, demás asistentes y comunidad escolar nos aplaudieron de pie y acaloradamente por mucho tiempo. Nosotros permanecimos ahí durante ese rato, inclinándonos, y haciendo reverencias agradecíamos los aplausos. Mi mamá aplaudió más fuerte al verme ahí entre tantos chicos y que yo fuera la única mujer. Pronto me abrazó y me felicitó.

Pasaron algunos días y le confesé a mi mamá:

"Sabes, mamá, desde el día de la obra traigo rondando los aplausos en mi cabeza de día y de noche". A lo que me dijo:

"Hija, el teatro es lo tuyo, no lo dejes nunca".

Poco tiempo después se presentó en casa mi madrina Elvira, y le dijo a mi mamá:

"Pues vengo a que me pague las zapatillas que le presté a Anita para la obra, porque me les quebró los tacones".

"¿Acaso usted no sabe que lo prestado siempre se estrena? No ande prestando sus cosas, y mucho menos a una muchacha tan "lumbre" como lo es Anita", le respondió mi señora madre.

Una vez que mi madrina Elvira se retiró, mi mamá me dio unos chanclazos por hacer las cosas a escondidas y por andar haciendo caravana con sombrero ajeno.

Así que *"dejad que llore"*, como dice la obra.

≈ Una caída fatal ≈

Estudiando un curso de teatro, el director de éste me dio la oportunidad de representar tres personajes en dos diferentes obras; en una sería una señora elegante, en la otra sería una madrota y, la más importante, una adolescente involucrada en el asesinato de sus padres.

Era un miércoles y ya todo estaba listo para la representación, la cual se llevaría a cabo el viernes siguiente. La publicidad estaba hecha para que asistieran al cierre de curso de manera gratuita.

Ese miércoles por la mañana fui a una boutique y la empleada me regaló un labial rojo carmín, dijo que para que yo luciera como madrota en mi obra que le comenté; le di las gracias y me retiré después de haber comprado unas medias negras de red.

Bajando las escaleras del segundo piso de mi casa lo hice corriendo entusiasmada por probarme el labial que me habían regalado. En cuanto corrí hacia abajo, pisé mal y caí sobre mis asentaderas como cinco escalones y quedé tirada con un inmenso dolor, al grado de creer que me había fracturado todo el cuerpo. Quedé inmóvil moviendo los ojos en busca de mi celular. No podía pararme, ni agacharme, ni recoger el teléfono. Me armé de valor y gateando logré alcanzarlo. Le marqué inmediatamente a Abraham, (mi hijo que es médico) y le expliqué lo sucedido. Abraham pidió una ambulancia, pero ésta nomás no llegaba. Le volví a marcar y me reportó que según se equivocaron de domicilio, que en veinte minutos estarían conmigo. Los de la ambulancia andaban en una colonia de nombre similar a la mía: Magisterial, cerca de Otay.

Como pude me mantuve en pie. La espera me pareció no larga, sino eterna. Estuve llorando, pensando que me había sucedido lo peor, que me había fracturado, que no volvería a caminar, y que no actuaría jamás. Mil cosas más pasaban por mi cabeza durante casi una hora de estar ahí esperando, adolorida y angustiada, cuando en eso llega un paramédico de apariencia obesa, leyendo mensajes en su celular, y sin miramientos me dijo: "súbase dónde pueda. No hay camilla". Yo no podía ni con mi alma, pero así avancé hacía el vehículo. Mi hijo llegó, cerró las rejas de la casa y nos siguió en su auto. Llegando al hospital me checaron signos vitales y me hicieron radiografías. El doctor dijo que todo estaba bien, pero que estaba súper inflamada por el golpazo. Aclaró que eso es lo que debe hacer el cuerpo para proteger el sistema óseo. Me enviaron a casa con medicamentos para la inflamación y me pidieron guardar reposo. Llegando a casa me comuniqué con el director de teatro y le platiqué lo sucedido y que no podría presentarme en la obra. Él simplemente me dijo que siguiera las instrucciones del doctor y que seguramente me sentiría mucho mejor el viernes.

Se llegó el viernes y yo tomé la decisión de presentarme a actuar pese a mi situación. Sentía que no le podía fallar ni al director ni a mis compañeros actores. Para poder participar, le pedí una silla de ruedas a mi hijo, pero él se negó; fue tanta y tanta mi insistencia que cedió para no llevarme la contra, aun sabiendo el riesgo que implicaba.

Mientras él iba por la silla de ruedas yo me vestí con los tres vestuarios que iba a usar; lo hice con mucha dificultad, pero lo logré. Primero sería la señora elegante, después la madrota y finalmente la adolescente. Me comuniqué con el director y le dije que llegaría cinco minutos antes al teatro. Él se alegró mucho de que pudiéramos presentar las obras que por seis meses habíamos preparado con mucha ilusión, y a la vez estaba triste por lo que me había sucedido.

En los dos primeros personajes me puse de pie porque mi participación era breve, pero en el escenario se usó sangre simulada con miel y vidrios falsos porque así se requería en la obra. Juro que no tenía reflejos. Un error en mis movimientos y hubiera terminado eso en tragedia. Gracias a Dios no pasó nada.

Después hice mi personaje de muchacha, pero éste ya lo hice en silla de ruedas; era un personaje muy intenso, dramático, que al público le causó mucho temor e impacto por la manera de mover la silla y de expresar sus emociones. La gente aplaudió muy complacida por mi actuación, sin embargo, el público no sabía por lo que yo estaba pasando. Mis compañeros actores sí lo sabían y me mostraron su cariño, respeto y admiración.

Yo recomiendo que, si un día, tú como actor te encuentras en una situación similar, no lo hagas, ya que primero está la salud y teniéndola, puedes hacer y disfrutar cualquier cosa.

 La imitación y la confusión 

Era el 30 de abril y estábamos festejando el Día del niño, todos muy felices. Por ahí Lupita López, una niña de esas, que les encanta caracterizarse me dice:

"Profesora ya quiero que sea dos de mayo para vestirme de maestra para la asamblea del Día del Trabajo".

"Ah, ¿sí? ¿Y cómo te vas a vestir?"

"Me pondré guapa con un vestido color verde, pegadito, pegadito, y unas zapatillas altas, con medias y mis labios rojos. También traeré una bolsa colgando y si usted quisiera me puede prestar su *maletín de piedra".

Me llamó la atención su descripción, y al imaginarla capté que estaba pensando en representarme a mí, a lo cual le pregunté:

"¿Y cómo desfilarás en el foro escolar?"

La chiquilla de inmediato me dio una muestra; muy segura de ella misma, movió su cadera coquetamente. No había duda, la chiquilla ocurrente se había convertido en la maestra Ana María. Todos sus compañeros se rieron divertidos y a la vez imitaban mi forma de caminar.

Pues concluida la fiesta del Día del niño, mi alumna Rocío se regresó corriendo para preguntarme:

"Maestra, dice mi mamá que, a mí de qué me tocó vestirme. ¿Qué le digo?" Me tomó por sorpresa, y yo, por la premura improvisé:

"Dile que... dile que de lavandera".

"Okey", dijo la chiquilla y corrió al encuentro de su madre.

Se llegó el día dos de mayo y la esperada asamblea del Día del Trabajo donde mis alumnos representarían diferentes oficios y profesiones. Antes del toque del timbre para formarnos, llega mi alumno Esteban corriendo y preocupado, y anuncia:

"Profe, venga. Rocío está chillando porque todos se están burlando de ella".

Me dirigí alarmada a donde estaba mi niña llorando, ocultándose de todos. Para mi asombro, la veo vestida de tres colores: verde, blanco y rojo. Estaba vestida como "La Bandera Mexicana" y no como una "lavandera" que yo le había sugerido. Retiré a los niños que se burlaban de ella, la abracé y le dije:

"No te preocupes. La culpa ha sido mía. Debí haber mandado una nota a tu mamá.

Simplemente no subas al foro y diremos que en el salón leerás una poesía a la bandera de México". Sequé sus lágrimas, le di un abrazo y la animé a formarse en la explanada.

Disfrutamos los números artísticos alusivos a la fecha en mención. A mi alumna Lupita la caracterización de maestra le quedó realmente muy bonita. Al finalizar la asamblea del Día del Trabajo, la directora dirigió unas palabras de felicitación y agradecimiento a los involucrados y nos dio un mensaje sobre el respeto que nos debemos de tener como compañeros de una comunidad escolar.

Ese mismo día aprovechamos para conocer en el salón las palabras homófonas, como: "de tener" y "detener", "hola" y "ola", etc.

Sobre la confusión y lo sucedido a Rocío, ella leyó una breve poesía dedicada a la Bandera de México. Todos le aplaudimos mucho para que olvidara el mal rato que había pasado.

***Maletín de piedra** —Así le decían a mi maleta porque era demasiado pesada para mis niños de Segundo Grado.

¿Protagonista, yo?

Un grupo de amigos y yo nos poníamos de acuerdo para representar una obra de teatro de títeres, para ofrecerla a unos niños de un orfanato. Empezamos por sugerir las obras a representar y mi amiga Rosa María Macías, dijo que ella buscaría un cuento infantil en su biblioteca, a lo que yo les advertí que quería ser la protagonista a como diera lugar.

Rosa María eligió el cuento "La boda de la Ratita" de la escritora Mireya Cueto. Elvira dijo que ella sería la directora de teatro en esta ocasión y empezó a nombrar los personajes:

Ana será... la Ratita. Conrado... el Sol. Martín... la Nube. Raymundo, tú serás el Viento. Agustín... el Muro. Y, a Antonio le toca ser el Ratón.

Muy entusiasmados, cada uno se dio a la tarea de construir su títere. Se usaron diferentes materiales como cartón, plástico, tela, algodón, papel y foam. Quedaron muy bonitos todos los personajes. Yo elaboré a mi ratita, y ésta me quedó muy linda con su hermoso vestido de novia.

Al día siguiente nos reunimos en círculo para dar una lectura en voz alta al cuento "La Boda de la Ratita" y cuál va siendo mi sorpresa que la ratita no tenía diálogos, no hablaba. Así que eso de ser protagonista... realmente no se me hizo.

Así presentamos la obra de títeres La Boda de la Ratita, todos con nuestro títere en mano. Yo estaba con mi linda ratita vestida de novia, pero que nunca habló. Mi personaje jamás dijo una sola palabra porque sus padres estaban arreglando su matrimonio y ella no decidía.

Y así... mi muda ratita se movía para un lado y para el otro, tratando de saber quién finalmente sería su marido.

El teatro te sana 

Claudia Bermúdez es una directora de teatro y dramaturga que ha ganado varios premios por sus creativas propuestas.

Cuando me inicié en el estudio de como escribir un monólogo para presentarlo en público, primero quise probar con uno de Tomás Urtusástegui, que se llama "El Atascadero". Éste se adaptó a nuestra querida Tijuana, que se caracteriza por su pesado tráfico vehicular. Claudia quiso que yo fuera una buchona, que para mí fue una experiencia muy diferente a lo que venía haciendo porque prácticamente estaba haciendo comedia.

Recuerdo que se mandó hacer el cartel promocional que era para presentarse el viernes 3 de agosto del año 2018 en La Antigua Bodega de papel. Pero mi único hermano varón, llamado Juan, había fallecido el día dos de agosto, es decir, un día antes, y yo casualmente lo mencionaba en el monólogo. Dicen que "el show debe continuar", pero no pude. Se reprogramó mi participación como parte de dicho espectáculo, pues habría otra presentación en La Antigua Bodega de Papel. Logré actuar con mi rol de buchona. Me divertí mucho y, fue muy vivencial porque yo había pasado por una situación similar a la de ese personaje que interpreté.

El público se divirtió mucho. Ese día fueron mis hijos a verme, y cuando ellos van... no saben lo feliz que me hacen.

Con Claudia tuve la oportunidad de escribir un monólogo sobre "Ex, hablemos de amor". Ahí saqué parte de lo vivido en mi relación y en la separación de pareja. Debo aclarar que algunas cosas son verdaderas y otras son ficticias. El monólogo que creí que presentaría una sola vez, por fortuna lo presenté unas ocho veces.

También tuve la suerte de participar en una obra de teatro de comedia: "Felicidades, eres Divorciada", la cual disfruté mucho porque el personaje reía y lloraba de amor. Y, cómo olvidar "Cuento de Cabaret", un musical.

Durante la pandemia volví a estudiar con Claudia sobre cómo escribir un monólogo y decirlo en atril. El monólogo que escribí se lo dediqué a mi amiga Dorita, porque ella padeció de Covid. Lo titulé "Dime que no", y en él externaba el gran amor de amiga que le tengo.

Al escribir otro monólogo titulado "Sin esperanza", descubriría algo sumamente importante. El tema trata de cuando era una niña que dejaban sin recreo, porque la maestra le daba el poder al jefe de grupo y él me ordenaba que no saliera del salón. Entonces advertí que esa era la causa por la que sufría de ansiedad cuando me sentaban para viajar en carro, autobús, tren, avión, etcétera. Así descubrí la raíz de mis miedos y de dicha ansiedad. Ahora, afortunadamente ya puedo viajar.

Estoy agradecida por cada maestro y maestra que he tenido, porque uno como ser humano lleva cargando un morral con dudas, tristezas, rencores, miedos y venganzas. Al escribir y al actuar los vas sacando, los vas desechando en el camino, y de este modo vas sanando, vas caminando ligerita y vives, disfrutas, amas, sonríes, perdonas... creces.

Bendito teatro.

⏰ Nos faltó tiempo ⏰

Nunca olvidaré cuando conocí a Paco MUFOTE en el CEART. Lo primero que me viene a la mente es su personalidad amable, detallista y muy respetuoso. Recuerdo que era mes de diciembre y un grupo de estudiantes de actuación del CEART nos reuniríamos en IHOP frente a Macro Plaza. Lo invité a pasar por unos buñuelos con azúcar que yo había hecho. Le presenté a mis amigas Dania y Samantha, que iba con sus hijos. Convivimos un rato y le propusimos que nos diera un taller de teatro. Así lo haría, pues nos ofreció un taller de construcción y exposición de un monólogo titulado "Pedazos", que luego presentamos en La Sala Café.

En este Taller recuerdo que nos puso unos ejercicios donde interiorizamos de tal manera que, en una ocasión con los ojos cerrados, yo subía unos escalones, subía al cielo y platicaba con mi mamá y, terminaba mojada en llanto. En otro ejercicio me encontré con mi papá y le pedí perdón por no haberlo comprendido y haber sido yo tan exigente para que respondiera ante mis necesidades escolares, que iban más allá de sus posibilidades.

Cuando tomé este Taller, el profe Paco me enseñó que una actriz debe ser primeramente puntual, tener disposición, concentración, responsabilidad, empatía, creatividad, memoria, sensibilidad, compromiso, decisión, improvisación, y tener alerta sus cinco sentidos.

Él no permitía la hora del cafecito, comer, ir al baño, distraerse, platicar temas fuera de la clase, utilizar el celular, juzgar y criticar al compañero. Tampoco permitía utilizar ropa inapropiada que distrajera al sexo contrario, sentarse de manera inadecuada ni hablar con groserías. Toda esta educación me forjó como actriz.

Él siempre nos motivaba a llevar a cabo proyectos nuevos, que implicaran un reto, un crecimiento. Siempre que estuviera en sus manos, nos recomendaba para castings, directores de Teatro y de Cine. Yo siempre traía en mi bolsa granos de cereales y galletas para regalarle cuando me lo encontraba, porque me daba la impresión de que se estaba mal pasando. Y él siempre me aceptaba todo y agradecía de corazón. Si le invitaba un café o a comer, aceptaba, pero no me dejaba pagar.

En una ocasión lo invité a un paseo a Carlsbad, California, y aceptó. Fuimos, disfrutamos ambos el paisaje y yo su sencillez. Se llevó su cámara fotográfica profesional y me tomó cerca de cien fotografías, y me animaba a modelar diferentes poses. Me decía: "Mi profe, anímese a dar más". Él siempre daba lo mejor de sí mismo. Tuvo el detalle de imprimir y amplificar tres de las mejores tomas y me las regaló cuando lo fui a ver en la obra "Mi Salvador", en teatro Valentina.

Afortunadamente me tocó hacer un cortometraje donde él participaba como actor invitado; dicho filme fue "La loca no tiene con quien platicar". Él ahí era un hombre sensato y yo una señora elegante.

Siempre agradeceré que me haya brindado su amistad, su cariño, sus enseñanzas, sus consejos y recomendaciones. Este es el último recuerdo que tengo de este ser especial, que fue talentoso, grandioso, generoso, sensible, humano, tierno, amoroso, en fin, un gran amigo al que extraño.

Nos faltó tiempo…
Siempre falta tiempo.

Haciendo teatro con Los Moonlights
"Cuento de Cabaret"

Otro acierto de la directora Claudia Bermúdez de Telón Arriba, fue cuando adaptó el cuento de Caperucita Roja en una versión para adultos, titulada "Los Internacionales Moonlights de Paco García, Cuento de Cabaret". Tuvimos el gran honor de compartir escenario con el grandioso grupo musical, amenizando ese día con el mejor baterista de Tijuana: Raúl Félix Meza, quien era mi vecino cuando estaba soltero. Raúl es hijo de don Raúl Félix, músico profesional.

Cuando yo era niña, en casa de mi vecino Raúl Félix, este legendario grupo de Los Moonlights se llegó a reunir para ensayos, y desde entonces eran muy queridos y respetados por los tijuanenses.

Raúl Félix, quien es muy jovial, aún sigue amenizando eventos, convirtiéndose en toda una leyenda musical de Tijuana. Todavía recuerdo cuando de niña veía pasar a don Raúl Félix (padre) con su instrumento musical en mano dentro de un estuche. Siempre iba tan guapo, bien vestido, oloroso a perfume, agradable y una actitud de hombre educado y además con buen humor. Causaba siempre respeto y cariño.

Cuando montamos la obra Cuento de Cabaret, mi papel sería el de "la abuelita de Caperucita Roja". Pero no sería la clásica abuelita, sino una abuela sexy, dueña de un centro de cabaret, lo cual me pareció divertido. Dicho rol me sacó de mi zona de confort, pues tenía que bailar de manera sensual, cosa que nunca había hecho.

Me dio gusto compartir créditos con mis queridos compañeros actores y actrices: Deniz Barrera, César Manjarrez, Bianca BarahFu, Alejandra Hollman, Tabe Mejorado, Juanita Walsh y el bailarín Yan Martínez.

Esta obra gustó mucho por la acertada participación de Los Moonlights, cuyo elemento musical nos trasladó al hermoso pasado de Tijuana.

Ser o no ser 

Aún me parece que fue ayer cuando ingresé a CEART, a la primera clase del maestro Paúl Paredes. Me inscribí días después de mis compañeros estudiantes. Como ya estaban repartidos los papeles en una obra, de entrada, me felicitó por mi voz y me preguntó:

"Ana María, ¿tú crees que podrías hacer un monólogo donde serías una brujita muy sexy?"

"Maestro, yo creo que sí, porque me creo brujita por haber nacido el día de Halloween, y pues sexy... en mis escuelas algunos me apodaban 'la sexy'. Así que, maestro, claro que podré".

El maestro Paúl me preparó para el monólogo: "Bruna, la bruja bruta", de Tomás Urtusástegui, y lo disfruté muchísimo.

Lo que más me gusta de mi maestro Paúl es, que él nos avienta al ruedo, nos hace actuar, nos hace construir nuestro personaje desde lo físico, psicológico y social. Nos saca de nuestra zona de confort y nos pone a memorizar nuestros diálogos. Él sostiene que debemos "memorizar para olvidar".

El maestro Paúl nos enseña ejercicios para vocalizar. Nos dice: "Ya es cuestión de ustedes de que lo hagan, porque lo van a necesitar". También nos da rutinas de ejercicios para mover las bisagras, o sea las articulaciones, ya que el cuerpo es el instrumento del actor. El maestro nos da nuestro espacio, nuestro tiempo de crecimiento como actor, nos da la oportunidad de madurar la idea, de agarrar el tono de la obra y de seguir el tren del personaje.

Tomar clases con el maestro Paúl Paredes es toda una aventura, porque él elige los personajes con mucha carga psicológica, y siempre con un mensaje de reflexión de lo que estamos viviendo como sociedad. Su propósito es siempre provocar un cambio y lograr una sociedad más estable, responsable, unida y reflexiva.

El maestro Paúl tiene la energía de un adolescente, y tal energía se origina en la pasión que siente por el teatro. Puede conversar sobre cualquier tema y conoce todos los dramaturgos importantes. Él es admirable. Nos enseña a ser responsables, a ser puntuales, a cumplir con la memorización. Sabe escuchar nuestras propuestas para el personaje y nos permite ser creativos. Sociabiliza con nosotros más allá de la relación maestro/alumno. Festejamos cumpleaños, realizamos posadas, vamos en grupo al teatro para ver y apoyar la actuación de un compañero.

No nos permite hablar mal de nadie, ni de una obra, ni de un actor, ni tampoco de un director. Nos aconseja: "Si no te gustó la obra, sólo comenta: 'las luces estuvieron fabulosas', y así comprenderemos".

Bajo sus valiosas enseñanzas participé en obras memorables como Equus, Appassionata, Las Mariposas son libres, La Noche de los Asesinos, Esta noche juntos amándonos tanto, El Árbol del Deseo y El Cuervo.

Agradecida por siempre con mi maestro Paúl Paredes, por haber sido niña, madre, padre, adolescente, viejita, plañidera, borracha, bruja, ama de llaves, madrota, asesina, loca, intelectual, degenerada, y además cuenta cuentos.

Gracias, maestro Paredes, por habernos enseñado a colgar nuestra persona en un perchero y así transformarnos en esos personajes tan vivos como nuestra sociedad misma.

Dicen que soy puro teatro

— Almacén Vital —

El productor de teatro Diego Barney es un cazador de talentos. Él es ex alumno de mi maestro Paúl, que desde siempre ha conservado su gusto por hacer teatro.

Un día estábamos en clases en CEART, él se presentó y nos vio ensayar. Luego nos invitó a mi compañero Migda y a mí a participar en su obra musical "Almacén Vital". Migda la haría de drogadicto y yo de su mamá, mientras que mi marido sería un amigo de Diego Barney que nunca había hecho teatro. Pero Barney es de la opinión de que cualquiera puede actuar, siempre y cuando se le prepare. Este actor principiante era Wilfrido, un hombre íntegro como pocos que he conocido. A él lamentablemente lo violentaron en su oficina de Plaza Patria y falleció en el instante; una verdadera pena. Llegué a estimarlo mucho.

Con él, previo a la obra, haríamos un video en una cafetería, donde según yo, estaba con mi nuera, mientras que mi marido Wilfrido estaría en su taller mecánico. Cada uno por su cuenta recibía una llamada telefónica de que nuestro hijo apodado "El pillo" estaba tirado en la calle por una sobredosis de droga. Este personaje "El Pillo" fue anteriormente uno de los roles de una obra que escribió mi maestro Paúl Paredes, a la que tituló "El Foco", donde Migda también fue el protagonista.

Haber grabado en instalaciones externas fue una bonita experiencia. Diego solicitó a paramédicos de la Cruz Roja nos hicieran el favor de recoger al Pillo, al que colocó y dejó tirado previamente en un lugar grafitado, que parecía en realidad un "picadero". Mi marido Wilfrido y yo llegamos a la Cruz Roja que está por Costco y ahí nos abrazamos para compartir nuestro amor y preocupación por nuestro hijo, mientras Diego nos filmaba.

Al día siguiente, Diego me citó en una escuela donde le dieron las facilidades para grabar mis escenas, donde lloraba a mi hijo por la condición desfavorable en la que se encontraba.

Barney me pidió tomar asiento y me puso enfrente un vaso blanco, desechable y me dijo:

"Este vaso es tu hijo. Llora". Sorprendida le pedí me repitiera lo que iba a hacer. "No es necesario pedirle a Migda que venga para que te grabe llorando", aclaró. Y pues tuve que demostrar que soy actriz… pronto me concentré y me puse a llorarle a un vaso, como si fuera mi Pillo. Además, Barney me pidió cantarle una canción que pudiera ser parte de nuestros recuerdos de cuando él era niño. Pues lloré y canté una canción de Evelyn Hernández que dice:

"Mi cachito, mi pedazo de angelito, mi cachito, mi pedazo de huracán. Sabes que te quiero mucho, que no te voy a dejar…etc."

Cuando lloré tan desconsoladamente, me dijo mi director Diego Barney:

"No, no llores tanto, porque van a creer que se murió y no quiero dar ese mensaje". Pero ¿qué madre no llora por un hijo, hasta por haberse machucado un dedo? Bueno, pues le tuve que bajar al nivel del drama. Con el resultado de la grabación, créanme que hasta la fecha veo el video y me dan ganas de llorar por lo que me provoca mi actuación.

Ya después, al presentar la bonita obra Almacén Vital, en ella yo iniciaba peleando con mi marido por causa del Pillo, y muchos compañeros que estimo participaron representando las sensaciones que siente el hombre cuando se droga; se dejaba un mensaje muy positivo. Yo alterné mi actuación de madre con un personaje de La Droga, donde era coqueta y seductora.

Fue un gran montaje con música, luces, humo, incluso salía un extraterrestre, bueno, estuvo entretenida y fue realmente un éxito.

Recuerdo haber compartido el escenario con Migda Nephtali, Juanita Walsh, Celerino Peña (QEPD), Gerardo Wilfrido Trujillo (QEPD), Julio César Malo, Tabe Mejorado, Elizabeth Mondragón, Bryan Molina, Fernando Lobo y con Miriam Gusé.

Puro

Cuento

♀ Sin esperanza ♀

Horacio Herrera era el muchacho de más de edad del salón y él fue elegido como "jefe de grupo" desde cuarto hasta sexto grado de mi escuela primaria; él era el chico de toda confianza de mi maestra Esperanza. En aquel tiempo, yo era una niña inquieta y muy platicadora. Todos los días Horacio anotaba en una libreta que no se me permitía asomarme ni por la ventana.

"Elena se la pasa platicando siempre y jamás presta atención", decía sin miramientos. La maestra le creía y procedían a dejarme sin recreo. Yo sentía que me moría y me faltaba el aire y nadie me rescataba. Para mí eran momentos de angustia. Con el tiempo fui creando una fobia: miedo a todo lo que tuviera que ver con estar sentada y encerrada a la vez, ya fuera un cine, un teatro, un tren, un avión, etc.

A los años, ya siendo una señorita, me encontré a Horacio en una plaza y decidí abordarlo; le pregunté tímidamente por qué me había privado del recreo durante tres años de primaria, y él cínicamente me respondió:

"Porque eras la niña más linda del grupo y yo estaba enamorado de ti. Y, si te dejaba salir del salón era imposible localizarte porque te la pasabas corriendo de un lado a otro. ¿Por qué preguntas eso? ¿Quieres casarte conmigo? Anda, anímate, que yo todavía sigo enamorado". Al decir lo último me jalaba con cierta brusquedad de un brazo y me acercaba hacia su cuerpo. Me zafé de su agarre muy molesta. Tuve el impulso de abofetearlo, sin embargo, me contuve y me di la media vuelta rápidamente.

Estudié enfermería y siempre me ha gustado mucho mi profesión. Quise estudiar una especialidad, pero como debía trasladarme a otra ciudad, no lo hice. No viajé debido a mi enorme miedo o terror que me provocaban los asientos de lugares cerrados, pues permanecer mucho tiempo sentada y encerrada me resultaba verdaderamente aterrador y asfixiante. Nunca me casé. Aquellos años de mi infancia en los que no socialicé, afectaron mis relaciones de pareja. Mi refugio era estar metida siempre en el hospital; aquí llevo más de treinta años y me agrada bastante atender a los ancianitos.

A pocos días para jubilarme de mi trabajo, revisando las caretas de los pacientes ingresados por Covid-19, me topé con el nombre de Horacio Herrera. Ese nombre nunca lo olvidaría. Aquellas dos "haches" eran muy conocidas por mí y éstas hacían que se me revelaran las paredes de las aulas, que para mí fueron rejas, y... ah, ¡cómo odié aquellas rejas!

Los días difíciles llegaron al Hospital. Pedía a gritos mi jubilación porque me generaba mucho stress. Era un correr de aquí para allá. Las camas eran escasas y algunos pacientes tenían que ser atendidos en sillas de ruedas.

Una tarde el señor Horacio se notaba muy débil cuando me hizo señas con sus manos. Entendí de inmediato que ocupaba oxígeno. Acerqué un nuevo tanque de oxígeno, tomé las puntas nasales para colocárselas, y en eso estaba a punto de administrárselo cuando de improviso una voz me detuvo: por la bocina vocearon que requerían mi presencia en la oficina para firmar unos documentos. Entonces aparté el tanque de oxígeno, tomé a Horacio por la cabeza, miré directamente y sin parpadear hacia su pálido rostro, luego a sus hundidos ojos y le dije:

— ¿Me recuerdas? Soy Elena.

—Sí, sí, Elena... ¡Necesito oxígeno!... ¡Necesito aire! —Respondió con desesperación y con palabras apenas entendibles.

Con actitud serena y despreocupada me concreté a tomar mi tabla de notas; con esa misma actitud que él había mostrado cuando yo fui su indefensa compañerita de primaria. Él siguió hablando, pero más que hablando, suplicando. Haciendo caso omiso a sus peticiones, le dije:

"Qué curioso, señor Herrera... a mí, por mucho tiempo también me faltó el aire. ¿Sabes una cosa?, tú antes me parecías tan fuerte como el hierro, pero ahora sólo veo un fierro viejo y oxidado. Bueno... ya tengo que irme. Cerraré la puerta para que puedas tomar una larga siesta".

Pocos minutos después salí por la puerta grande. Sonriendo con un nuevo, pero extraño placer, murmuré para mí misma:

"El que a hierro mata, a hierro muere".

 El Árbol de los suéteres 

Había una vez una escuela llamada "Niños Héroes", donde todos los suéteres perdidos, por alguna extraña razón iban a dar a un árbol que se encontraba junto a la dirección.

Aconteció que un viernes en dicha escuela se realizó un "Día de campamento" con motivo de fin de ciclo escolar; asistieron sólo los alumnos del Tercer Grado, ya que la directora los había premiado por dominar "El método de Singapur". Así que solamente se contaría con la presencia de las maestras: Ana María, Marina, Sandra y del profesor César. Ellos estaban en una casa de campaña, conversando, escuchando música con alto volumen, riendo y bebiendo deliciosas tazas de café. Parecía no importarles ni la noche que se acercaba ni los alumnos, porque todo el ambiente era tranquilo.

Los alumnos después de haber jugado todo el día, se pusieron sus pijamas y empezaron a instalarse en sus casas de campaña, donde dormirían. La noche prometía ser muy agradable. En el exterior se iban a reunir para contar leyendas y chamuscar bombones para comer. Al llegar el anochecer pudieron admirar la gran luna llena, pero de repente y de forma rápida el cielo se fue nublando. Algunos niños fueron a espiar a los maestros para averiguar si iban a poder salir a disfrutar la lluvia que se aproximaba, y de los truenos, que no parecían tan amenazantes. Pero al ver a los maestros tan entretenidos, regresaron a correr la voz para que todos salieran sin pedir permiso; claro que eso de las leyendas y bombones ya no sería posible.

Las niñas Renata y Paulina habían ido al baño del turno matutino con una linterna, porque existía un baño para cada turno. Al poco rato se llevaron una enorme sorpresa, ya que vieron a una desconocida niña salir del baño del turno de la tarde. Usaba uniforme guinda y su aspecto era desaliñado; era igual a aquella descripción que escucharon alguna vez en los cuentos de miedo que se corren de voz en voz por los salones y pasillos de la escuela.

Enseguida huyeron aterrorizadas por aquella visión, pero al correr deprisa se les cayó la linterna. No podían ver mucho, sólo escuchaban chillidos y el ulular de muchas lechuzas, así como terribles maullidos de muchos gatos.

Todo sucedía muy cerca y alrededor de un conocido y misterioso árbol. De sus ramas retorcidas seguían colgando los suéteres que con el paso del tiempo se habían acumulado. De pronto, estos suéteres parecían haber cobrado vida y se suspendían en el aire como buscando niños para abrigarlos. Aquella visión de suéteres flotando y moviendo sus mangas como llamándoles mientras escurrían chorros de agua de lluvia, no se les olvidaría jamás.

Cuando volvieron, contaron lo sucedido entre gritos y falta de aliento. Aunque sorprendidos, los demás niños quisieron comprobar lo que estaban escuchando y salieron en sus pijamas, dirigiéndose al árbol. En menos de un minuto, la lluvia los dejó casi empapados. Se quedaron boquiabiertos de miedo al darse cuenta de que los suéteres tenían vida propia y los buscaban como queriendo abrazarlos. Éstos quizás simplemente buscaban protegerlos de la fría lluvia, pero ellos corrían y se rehusaban porque los suéteres estaban sucios, apestosos y roídos por las ratas.

Las ramas secas del árbol parecían alargarse hacia todos ellos. Al mismo tiempo que los suéteres se suspendían y movían en el aire en busca de un posible dueño, las ratas se desplazaban rápidamente entre los pies de los niños, que corrían de un lado para otro entre gritos de pánico. Los gatos corrían enloquecidos detrás de las ratas y éstas a su vez iban tras los niños. Todo aquello era un ruidoso caos de persecuciones frenéticas.

La extraña niña del turno de la tarde apareció de repente, tomó a la alumna Montserrat por una mano y empezó a cantar:

¡Qué Llueva, qué llueva, la Virgen de la cueva! Los pajaritos cantan, las nubes... etc.

Montserrat, con mucho miedo y desconfianza comenzó a cantar la canción junto a aquella niña. Poco a poco iba recuperando la calma y se fue tranquilizando porque recordó que su maestra Ana María se la había enseñado en alguna ocasión. Fernanda por su parte, no podía creer lo que estaba escuchando al ver el semblante tranquilo de su amiga; con temor se acercó y tomó de la mano a ambas. Armándose de valor y queriendo recobrar la calma entonó la canción junto a ellas:

"Qué llueva, qué llueva, la virgen de la cueva" ... y entonces pudo ver una sonrisa en la niña desconocida. Luego, animada llamó a sus compañeros para tomarse de las manos y agrandar el círculo. De pronto, los suéteres... uno a uno comenzó a caerse. Extrañamente, ratas y gatos se los peleaban y se los llevaban a rastras, alejándose. Otros niños corrieron a sumarse a la ronda, y al estar tomados de la mano, girando y cantando, la lluvia y los truenos cesaron como por arte de magia.

Al poco rato había un enorme círculo formado por todos los niños que entonaban rondas tradicionales. Al escuchar tan bellas melodías, los maestros bajaron el volumen de la música que oían de un radio. Uno de ellos señaló:

"¡Miren, por fin el árbol de los suéteres está limpio! ¿Acaso la lluvia se los llevó?". Todos rieron al unísono y el profesor agregó:

"¡Miren, qué bien se portan todos los niños! Y pensar que nosotros creíamos que ya no cantaban las rondas tradicionales.

Minutos después, los maestros buscaron un espacio techado pero abierto, prepararon la fogata para quemar los bombones y contar las leyendas. La primera en participar fue la desconocida y extraña niña del turno de la tarde. Ella narró una historia que dice que, cada vez que en la Primaria pasa un día sin escucharse las rondas infantiles, fallece un niño en la localidad. Aclaró que las rondas siempre hablan del castigo y muerte de los niños y que la única manera de evitarlo es cantándolas. Entonces la maestra Ana María preguntó:

"¿Y quién es esta niña?" Montserrat se precipitó y dijo:

"¡Es mi prima! Mi mamá la trajo y la dejó con nosotros, sin avisar. Ella se llama Yadi. Pero pronto será parte de esta escuela, ya que se va a inscribir en el turno de la tarde el próximo año. Todos los niños rieron y Alondra exclamó:

"¡Juguemos a El patio de mi casa! Digo, por si acaso…" Y enseguida guiñó un ojo a la pequeña Yadi.

Todos se pusieron de pie, formaron un gran círculo y empezaron a cantar. Los maestros no quisieron quedarse fuera del juego y se sumaron, mientras coincidían en comentar:

"A partir de hoy implementaremos las rondas a la hora del recreo".

FIN

Caricaturas por:
Manuel Rosales Padilla.

~ Y todo por atarantado ~

Desde chamaco, allá en mi Oaxaca tuve que chambearle duro porque mi apá se fue pal' otro lado, dizque para hacer dólares. Hasta la fecha después de cincuenta años estamos esperando a que regrese. Yo no terminé la primaria porque la verdad que siempre fui muy chencho para las letras y los números; por eso mejor me hacía mandados y fui ayudante de albañil. Cuando cumplí como quince años me gustaban las chamacas y queriendo saber cómo era eso, le dije a mi madrecita que me gustaba la Lupe y ella me dijo que cuando yo me fijara en una mujer, que me fijara requete bien, que juera buena ama de casa, chambeadora, que supiera hacer de comer y hacer tortillas a mano.

Y así fue como cambié a mi Lucrecia, la que me gustaba, por la María, la que me metió mi amá: una mujer chambeadora. Tuvimos nuestra pobre casa y dos muchachitos. Todo el día se le veía apurada, otros ratos seria, o en veces trabajando como ausente, otras veces enmuinada. Si me acercaba para abrazarla y darle un beso, terminábamos discutiendo por sus reclamos, porque ella trabajaba mucho y yo llegaba muy tarde a nuestro chante y el dinero nunca era suficiente.

Mis compas me decían que cuando ellos se enamoraban, sentían mariposas en el estómago, otros decían que traiban a sus enamoradas metidas en la cabeza o que en muchas canciones que oían, éstas se las recordaban todo el día. La verdad que yo nunca sentí nada de eso, después me enteré de que mi mujer estaba pasando por esa enfermedad de cáncer de pecho y estaba sufriendo, pues ella tan callada. Como no había remedio pa' su mal, así fue hasta que diosito se la llevó al cielo. Viví 32 años con mi mujer, pero yo nunca supe lo que era querer o que me quisieran. Cuando se es pobre, la vida se va en chambear como burro.

Y ya viudo, solo y triste, para animarme un poco, mi prima Juanita me dijo que me iba a presentar y pasar el celular de una amiga soltera suya, mayor que yo, del municipio de Tecate B. C. Me dijo que ella es poeta y pues la verdad, que la vez que la escuché leer un poema de amor me recordó a mi última maestra de tercer grado, así de linda con su piel blanca y muy lista y chula la condenada. Esa profe no era de Oaxaca, ella estaba allí por un tiempo y a mí se me caía la baba al escucharla leer, la veía yo tan perfecta que, creo que ella sí me hacía sentir mariposas en el estómago.

Y que me anima mi prima Juanita para que le llamara. Me dijo que yo era buen hombre y que de seguro me iba a aceptar, y pos… un día me armé de valor y le marqué por teléfono; recién empecé a hablar, ella me decía que no hablara tan quedito, que subiera mi voz, que no me escuchaba, yo creo que porque estábamos muy lejos uno del otro. A mí me daba pena porque mi voz no salía como ella quería, al contrario, entre más hablaba con ella, sentía que mi voz se acobardaba y menos quería salir… ha deaber sido por la vergüenza.

Ella me dijo que no le gustaba que la llamara por ese medio. Que mejor me comunicara por mensanyer, ese del feisbuk, y pos le dije que yo no usaba eso, porque no aprendí a leer ni a escribir. Yo le dije que era muy linda, que leía retechulo y que quería ir a Tecate a conocerla. Ya entrado en la palabrería le solté todo. Le dije que tenía unos ahorritos y que, por qué no me daba la oportunidad de tratarla y… si ella podía, ya que hablaba tan bonito, por qué no me enseñaba a amar y hacerme sentir mariposas y todo tipo de insectos voladores, en el estómago, que, de seguro para ella eso era muy fácil, que yo nunca había sabido lo que es eso. Ahora que lo recuerdo, fui muy atarantado y creo que debí parecerle muy tontolón.

Ella sin pensarlo ni un momento, me dijo que yo me había equivocado de persona, que ella no era la indicada para eso, que resolviera mi problema, que ocupara mi tiempo en aprender a leer y escribir y que ella no tenía modo de ayudarme. Me dijo: "El amor no es así". Y, yo me pregunto entonces, ¿cuál es el primer paso para hallar el amor?

♪ En busca de otro danzón ♫

En aquellos días estaba sumida en la tristeza por el fallecimiento de mi marido. Ramón fue un hombre sencillo y que siempre se dedicó a trabajar; fue un sastre que apenas hacía un pantalón por semana, eso sí, de mucha calidad. Pasaba largas horas frente a la máquina de coser o sobre la mesa de cortar con aquellas telas tan finas como la cachemira. Él siempre fumó en demasía, y esto le cobró factura.

Yo siempre fui de la idea que la vida era una fiesta y si llegamos a este mundo es para pasarla bien, felices y sin complicaciones. Mi marido nunca bailó, pues decía que tenía dos pies izquierdos, y yo todo lo contrario, sentía el ritmo en el alma. Un día, mientras trabajaba de sirvienta con mis patrones, cuando la señora Victoria estaba en sus largas vacaciones, el patrón Ernesto Figueredo, de origen cubano, puso en el televisor un canal de YouTube con baile de danzón y se metió a bañar. Yo me quedé mirando la clase de baile, cuyo ritmo conseguía que olvidara las tristezas de mi viudez. Pronto todo mi ser vibró con esa música; mis pies imitaban a los del maestro que daba el tutorial. Cuando el patrón salió del baño, yo dejé de bailar y fingí estar muy ocupada. Él simplemente apagó el televisor y se despidió de mí para marcharse a su trabajo.

La señora Victoria es la segunda esposa de mi patrón Ernesto. Nunca tuvieron hijos. Aunque el señor Ernesto sí tiene uno, pero desde que su hijo era muy pequeñito no supo más de él porque su exmujer se lo negó al momento de la separación. Un día, ella tomó a su hijo y juntos abandonaron la ciudad sin dejar rastro.

En otra ocasión salí de trabajar una hora más tarde que de costumbre, iba rumbo a mi casa y pasé frente al parque de la avenida Loreto. Me detuve al ver que había un maestro joven dando clases de danzón. Él, al percatarse de mi presencia me dijo:

"¡Acérquese! Es gratis. No necesita nada por el momento, sólo ganas de aprender". Me sorprendí de mi proceder, porque de repente avancé como autómata hacia él, hacia ese joven, guapo y talentoso. Apenas me presenté, las manos del maestro rodearon mi cintura. Moviéndonos al compás de la música sentí que todo fluía. Sin darme cuenta me quedé la hora completa. El maestro de nombre Raúl agradeció mi disposición y me dijo:

"Lucrecia, recuerde que aquí estaremos todos los martes".

"Gracias por su paciencia". Respondí con una alegría que ya extrañaba en mí.

"¿Cuál paciencia? Si hasta parecía que usted era la maestra, por tanta habilidad". Concluyó muy sonriente. Me sonrojé y me retiré del lugar, pensando que esperar una semana se me haría eterno, aunque... no supe si para volver a bailar danzón o para volver a verlo.

Al siguiente martes caminé muy despacio hasta llegar al parque y en mi mente repasaba los cuadros del danzón. Ese día me arreglé y perfumé más de lo habitual. El maestro nuevamente me tomó del talle y me indicó algunos pasos. Sudé mi nerviosismo al sentirlo tan cerca.

Por su parte, mi patrón seguía con la rutina: dejaba el tutorial de clases de danzón en el televisor, para ducharse oyendo la música. Yo aprovechaba el momento para imitar al maestro. Me encantaba ver cómo las parejas se deslizaban con tanta elegancia y armonía.

Al siguiente día, me dijo el señor Ernesto que ya había observado mi interés por el danzón y, no pude negarlo, así como tampoco le negaría que estaba tomando clases gratuitas. Lo que nunca le diría, era que estaba muy ilusionada, pues el maestro de danzón "me movía el tapete".

Don Ernesto se paró frente a mí y me dijo:

"A ver, ¿muéstrame algo de lo que has aprendido?". Me tomó entre sus brazos y bailamos perfectamente como si lo hubiera hecho toda la vida, aunque me desconcerté un poco por la situación de ser él mi patrón.

"No te pongas nerviosa, relájate". Me sugirió.

"¿Relajarme?" —Pensé, y de inmediato le pregunté: "¿Y la patrona?"

"La miré irse al casino y regresará tarde". Dijo tranquilamente y prosiguió hablando: "Lucrecia, la pérdida de tu marido aún es reciente... ¿cómo te sientes?"

Sorprendida, enmudecí y se me nublaron los ojos. Él simplemente me abrazó y en tono cariñoso me dijo:

"Ya pasará. Te he observado últimamente y percibo tu necesidad de cariño y atenciones. Toda la vida has servido a los demás y, necesitas dedicar tiempo para ti misma".

Se llegó el día de mi siguiente clase de danzón y yo sentía mucha admiración por mi maestro. Curiosamente su cara me parecía familiar, pero no sabía a quién me recordaba ni dónde podría haberlo visto antes.

"Ya casi nos presentamos en la Casa de la Cultura, pero, hay un problemita, tú no tienes pareja. Deberás conseguir a alguien que ya domine la técnica". Manifestó e inmediatamente pensé en mi patrón Ernesto, que, al fin y al cabo, su esposa no tendría por qué enterarse.

Cuando le propuse a mi patrón lo de ir a una presentación, él aceptó encantado, sólo que yo estaba muy ilusionada de bailar con mi maestro. Fuimos a un par de clases al parque de la avenida Loreto, y el señor Ernesto no tenía ningún reparo en mostrar su interés por mí, pero yo me hacía la desentendida, porque el interés mío tenía nombre y era Raúl. Aunque el maestro era amable no podría yo asegurar que le atrajera una señora como yo. A mis cincuenta era una mujer muy bien conservada, y quizá por eso el señor Ernesto (de 62 años) se me insinuaba, mas muy a mi pesar, Raúl (de 40 años) no me enviaba ninguna señal de interés.

Durante un ensayo, el señor Ernesto me confesó casi al oído:

"Fíjate, Lucrecia, que me pasa algo muy extraño cuando me acerco al maestro Raúl. Siento como que me intimida y a mí nadie me hace sentir así, pues me considero un hombre bastante seguro y experimentado".

Cuando llegó el momento de firmar el registro para nuestra participación, el señor Ernesto se quedó de una pieza al ver el nombre del maestro: Raúl Figueredo Suárez. Estaba frente a aquel niño que le negaron continuar su relación de padre e hijo. Ahora no sabía cómo abordar semejante evento, ni cómo contener su emoción. Y, yo... yo no podía creer que mientras me estaba enamorando del hijo, su padre se estaba enamorando de mí... entonces, sencillamente preferí renunciar a mi trabajo y buscar otro grupo de danzón.

Puro amor a Tijuana

☼ **Tijuana, tierra fértil** ☼

Cuando fui niña, en mi casa éramos una docena de miembros de la familia. Mi mamá me mandaba con nuestro vecino don Tomás y me daba una peseta para comprar plátanos y él me daba cinco que ya estaban amarillos y como tres kilos de plátanos ya muy maduros, casi negros. Llegaba a casa cargada de plátanos apachurrados, los otros, los amarillos los cuidaba como oro molido. Mi mamá los recogía de mis pequeñas manos, gustosa, y nos preparaba una riquísima agua de plátano con mucho hielo.

A una vecina llamada Lucrecia se le caían las granadas de los árboles, y por eso yo le decía a mi mamá:

"Quiero granadas. Mire como caen al piso y nadie las recoge".

"Saluda a la vecina y pídele una", me aconsejaba.

Entonces yo iba, saludaba y pedía permiso para recoger una granada. Doña Lucrecia me decía: "¿Nomás una? Anda trae un balde y recógelas todas".

Yo regresaba con mi balde, me arrodillaba en el patio y recogía decenas de granadas. Terminaban mis manos rojizas y de pasada pintaba lentamente mis labios. Llegaba a casa con un balde lleno de granadas y una sonrisa colorada.

Nuestro vecino, don Raúl Félix, era el hombre más distinguido, guapo, bien vestido, perfumado y con una bella sonrisa, que yo había visto en mi pequeña vida. Pasaba por mi casa con un instrumento en su caja, porque tocaba en una orquesta muy importante y era de los músicos más cotizados de Tijuana, y yo lo admiraba muchísimo.

Mi vecino, don Vicente, era un hombre muy trabajador y empático y yo recurría siempre a él para que me apoyara en mis tareas que tuvieran que ver con el área de tecnológicas. Me daba ternura saber que siempre tenía por ahí un material reciclable y tiempo para apoyarme con mis tareas de la Escuela Normal.

Qué decir de doña Elvira, mujer guapísima originaria de Chihuahua... cuando fue mi madrina de graduación de Secundaria, me prestó mi primer par de zapatillas. Me sentí empoderada y guapísima como ella. Inspirada por ella, me sentí motivada desde ese día. Quería unas zapatillas negras que luego compré en Diors. Me costaron lo que venía siendo una semana de sueldo porque desde mis quince años ya trabajaba. Desde entonces no he dejado de usar zapatillas, porque como dice el grupo Bronco: "Con zapatos de tacón, las nenas se ven mejor que con zapatos de piso".

Doña Juanita era la dueña de la tiendita del barrio, y también era mi madrina de Confirmación y de Primera Comunión. Cuando iba a comprar un galón de petróleo, pasaba a la parte de atrás a auto surtirme y ella me gritaba:
"¡Puedes agarrar unas Sabritas!".

Recuerdo haber agarrado unas papas fritas de esa marca, la del empaque amarillo y tradicional. La bolsita tenía impresa una gran sonrisa, y cantaba mientras la abría:
"Mira a todo el mundo comiendo sus Sabritas, son las papas favoritas... etcétera". Sacaba gustosa la tarjeta coleccionable del destacado futbolista Pelé; tan sólo sabía que era

extranjero y famoso, porque en mi familia, aún no llegábamos a tener televisión.

No cabe duda de que tuve una niñez muy afortunada, donde mis vecinos, sin pensarlo o imaginarlo me ayudaron a formar este carácter que tengo, y siempre recuerdo ser dadivosa como ellos.

Porque Tijuana es fértil y generosa, su tierra nos dio: agua, higos, maíz, granadas, duraznos, membrillos, cilantro, cebollitas, tomates y, su gente nos compartía todo lo que tenían, haciéndonos sentir amados.

♥ Tijuanense de corazón ♥

Nací donde empieza la patria y cada año me toca celebrar mi cumpleaños con la tradición de Día de Brujas. Mis primeros vestidos con diseños de patitos, florecitas me los confeccionada mi madre.

Una imprudencia de niña originó un accidente que me mantendría enyesada por meses y en esa condición mi madre me enseñaría mis primeras letras. El brindis del Bohemio me abrió las puertas de la actuación y mi madre me dio las llaves de la educación.

Estudiar en la Normal fue un gran acierto. Ejercer la profesión de maestra fue un gran placer y estar jubilada una bendición. Los accidentes me han enseñado que el mañana no existe, que el amor, las palabras, los abrazos y las flores se dan en vida. Siempre en vida.

☼ Si no hubiera nacido en Tijuana ☼

Si yo no hubiera nacido en Tijuana, no me hubiera enterado de que mi "Happy Birthday" coincide con "Halloween". Si no hubiera nacido en Tijuana, no hubiera tenido la oportunidad de que un pastor llegara en su "troca" desde "el otro lado". Él le regalaba a mi familia muchísimas cosas de segunda mano.

Si no hubiera nacido en Tijuana, no supiera lo que significa que te hubieran dado seis "penis" para subirte a "la burra". Si no hubiera nacido en Tijuana, no supiera a qué saben tantos chocolates "gringos", y así averiguar que mi preferido es el "Hershey's".

Si no hubiera nacido en Tijuana, no hubiera tenido la oportunidad de cruzar a "El país más poderoso del mundo" en los años 70 y, además, sin visa.

Si no hubiera nacido en Tijuana, no tendría la oportunidad de comprar mercancía americana y saber que, si no te servía, te regresan tus dólares, hasta sin "tíquet" de compra.

Si no hubiera nacido en Tijuana, no sabría que existe tan cerquita de mi Frontera un zoológico, un Mundo Mágico para los niños y un lugar de apuestas para los adultos, donde lo que ahí pasa, ahí se queda.

Si no hubiera nacido en Tijuana, no sabría lo que es comerse una gran hamburguesa con doble carne y queso, acompañada de papas fritas y su soda y con "refill". Si no hubiera nacido en Tijuana, no hubiera escuchado tanta música "gringa", ni hubiera bailado como John Travolta y Olivia Newton John.

Si no hubiera nacido en Tijuana, no hubiera presenciado cuando un "pollo" se cruzaba "La Línea" para luego huir de "la migra". Si no hubiera nacido en Tijuana, tal vez creería que "se barren los dólares"; me hubiera cruzado de "pollo", hablaría "pocho" y seguramente trajera mi "Cheyenne".

**Con cariño a mi Tijuana
en su 133 Aniversario.**
11 de Julio de 2022.

 # Trabajadora y bailadora 

Cuando niña fui muy feliz porque me iba con mi papá al campo, a la pizca. Cosechábamos tomate del gordo, del colorado. Mientras íbamos recorriendo los pueblos, mi papá me compraba el diario local y yo se los leía en voz alta a los jornaleros. A mí no me gustaban los menesteres de las mujeres, a mí me gustaba más andar entre los hombres y ganarme mi propio dinero. Lo que más me gustaba de andar con mi papá es que siempre me demostraba su cariño.

Recuerdo que agarraba leche de burra y me la untaba en la cara. Dicen que mi cara luce muy bonita y lisita porque así se cuidaba una tal Cleopatra; ve tú a saber quién es esa Cleopatra.

Yo fui muy alegre. De joven me ponía mis vestidos almidonados y ésos me los hacía mi hermana mayor. Me acuerdo de que una vez me compré un vestido amarillito, con decirte que me costó lo que gané en una semana de trabajo y mi mamá me dijo: "¿Y ahora qué? ¿Vas a pegarle mordidas a tu vestido toda la semana?"

Cuando íbamos a los bailes, yo no me sentaba para nada, porque no quería que se me arrugara mi vestido, ¿pues qué iban a decir de mí? Y, bailadora como yo sola. Todas las piezas que tocaban los músicos, las bailaba. Cuando ya fui madre, siempre le dije a mis hijas que escogieran hombres bailadores, y si no trabajaban, que los mantuvieran.

Me acuerdo de que allá en mi pueblo, la alegría o la desdicha de un vecino era como la propia. Y pues ándale que cuando se moría un vecino en fin de semana, mi mamá ya no nos dejaba ir al baile, porque estábamos de luto. Por más que llorara y rogara, mi mamá no cambiaba de opinión. Y ahí me tienes rece que rece toda la semana para que no se petateara nadie. "Ándele, mijita, siga rezando", decía mi mamá.

Yo era cantadora como nadie. Una vez me puse a cantar una canción de Lola Beltrán que decía así:

"Las mujeres han de ser como todas las potrancas, que se engrían y se amansan con su dueño, y no pueden llevar jinete en ancas". Y ándale que, sin yo esperarlo, mi mamá me soltó un cachetadón, diciéndome que, si no me daba cuenta de lo que estaba cantando, comparando a una mujer con una yegua. Bueno, a partir de eso sí que tuve que poner cuidado con lo que cantaba.

Cuando me casé tuve diez hijas y un hijo varón; siempre quise un hijo hombre desde el principio, pero Dios me lo mandó al final. ¡Cómo quise yo a mi hijo! Por eso desde que nació le dije que todo lo mío iba a pasar a ser de él.

Y cuando me vi rodeada de hijas, ¿qué no hice para sacarlas adelante? Hice tortas, burritos y tamales. Vendí raspados, ponte-duros (palomitas de maíz con piloncillo). Cosí ropa ajena, limpié casas, fui costurera, trabajé en una limpiaduría y hasta puse una tienda de abarrotes.

Mi Tijuana es tan generosa que, quien no trabaja, no sale adelante. No es lo mismo Juan Dominguez que...

Dedicado a mi madre:

Francisca Gastélum Ayala

Vivencia pura

Y todo por apasionada

Recuerdo que veníamos de un paseo por Ensenada. Mi amiga Tina y yo llegamos a Tijuana como a eso de las nueve de la noche. Ella me dijo "pásale a mi casa, tómate un café". Accedí. Mientras tomaba mi café, ella bebía un té. Luego empezó a narrarme un suceso espeluznante que le contó una conocida. Estuve muy interesada en la plática, pero en cuanto terminó le dije: "Sabes, debo retirarme. Tengo algo muy importante que hacer".

Era una noche fría de enero cuando regresé a casa muy decidida a darle forma a esa historia que me había narrado mi amiga; pero, debía hacer algunos ajustes de manera que me sirviera para hacer una filmación que me requerían para una audición. La encomienda era que yo debía escribir una historia donde era una abuela que tenía que perdonar a su nieta.

Paso número uno: acomodé mi celular en el tripié y lo dejé listo para grabar lo que tenía en mente. Enseguida me vestí ligeramente con un vestido de tela delgada, floreado, y un chal, así como unos lentes para lectura. La historia consistía en que la abuelita (a quien llamaré Dora) y su nieta (Diana), estaban alejadas. La primera vivía en Tijuana y la joven de 21 años en San Ysidro.

La abuela quería tanto a su nieta que rogaba por vivir con ella en Estados Unidos. Le prometía darle su espacio para que estudiara. Sólo quería estar cerca, convivir con ella. Estaba entusiasmada con hacerle de comer y lavar su ropa mientras su nieta realizaba estudios "Online", tal como se usaba en esos tiempos por motivos de la pandemia.

Diana aceptó porque el cariño que se tenían era mutuo. La abuela era una maestra jubilada que había laborado treinta y dos años de su vida en la Escuela Primaria del Estado que está cerca de La Presa Abelardo L. Rodríguez, donde ejerció siempre con gran cariño por esa comunidad.

Abuela y nieta comenzaron a convivir y a conocerse más, pero, de un momento a otro la señora Dora enfermó. Diana pensó que era posiblemente el COVID y que con sus remedios caseros se curaría, pero no, la abuela empeoró demasiado. Una noche, Diana se levantó para ir al baño y se dio cuenta de que su abuela estaba inerte. Se aferró a su cuerpo y quería revivirla, pero eso era imposible. Lloró casi en silencio para no alertar a los vecinos. Tuvo que reaccionar rápido, pues la abuela estaba en ese país de visita. Ella no tenía dinero y no quería enfrentar a las autoridades con semejante problema. Así que tomó una difícil decisión. Como pudo, subió el cuerpo de su abuela a su carro y se cruzó la frontera rogando a Dios que no la descubrieran porque estaba haciéndola pasar por dormida.

Pasó la frontera por el Chaparral y agarró la Vía Rápida Poniente y se dirigió a la Presa. Se metió a escondidas a la casa de unos conocidos que vivían en la misma delegación. Ella sabía cómo meterse al patio, y una vez ahí sacó una pala con la mayor discreción posible. Luego, nerviosa pero decidida, se dirigió al vaso de La Presa, y en un área donde el agua no llegaba, escarbó lo más rápido que pudo. Era una noche de verano carente de viento fresco, sin embargo, ella sudaba frío por lo que estaba haciendo. Se sintió criminal e inhumana mientras pensaba que no tenía más remedio, o al menos no se le ocurrió otra cosa como solución.

Muchas noches soñó con su abuela Dora. Soñó que ésta le reprochaba su proceder y Diana no encontraba la paz mental ni emocional.

Un día, en sus sueños se le apareció de nuevo la abuela y le dijo:

"Querida Diana, no sufras. No te sientas mal, que los caminos de Dios son misteriosos. ¿Sabes cuál era mi mayor deseo en la vida?, que me enterraran en La Presa. Yo amé esa comunidad donde laboré toda mi vida, y mira lo que son las cosas, tú cumpliste mi sueño, mi deseo. Yo te agradezco con el alma que mi cuerpo repose cerca del vaso de La Presa. Ya sabes que tu abuelo fue marinero, y estar ahí me hace sentir que estoy remando muy cerca de él. Guarda este secreto, tú no hiciste nada malo, al contrario, Dios te indicó el camino. Así que yo te perdono. Estamos en paz".

Volviendo a la filmación de mi video, debo decirles que inicié a grabar como a eso de las once de la noche. Hacía un frío de los mil demonios. Estaríamos como a ocho o seis grados Celsius, pero con la adrenalina de estar grabando y que cada vez parecía quedar mejor, continué. Pues resulta que terminé como a las cuatro de la mañana del lunes. Subí las escaleras que llevan al segundo piso, y me fui directamente a la recámara. Una vez ahí me puse mi pijama de franela, y al hacerlo me pareció muy raro el no sentir el contacto del pijama con mi piel. Me acosté en la cama y me eché varias cobijas encima. Fue extraña la sensación… sentía como si las cobijas flotaran y no hicieran contacto con mi cuerpo. Daba vueltas para lograr conciliar el sueño y por fin logré dormir un poco.

A las ocho de la mañana desperté sintiéndome desorientada. Corría por el pasillo que une las tres recámaras. Corría y corría como loca. Bajaba las escaleras, desubicada. Aun con la confusión busqué las llaves de la casa. Luego abrí la puerta de la sala y las rejas de afuera, pensando: "si me muero, que me encuentren". Sabía que algo no andaba bien, pero no sabía qué era. Tomé el celular y le marqué a mi amiga Tina para decirle:

"Me estoy muriendo. Me dio el COVID".

"¡Cálmate! Eso no es Covid", respondió.

Le colgué inmediatamente y le marqué a mi amigo, el doctor. Le expliqué lo que había hecho horas antes, cómo me sentía, y él, muerto de la risa, me preguntó: "¿Dónde estás mujer?

"Estoy en la cocina".

"De inmediato calienta agua, leche, chocolate, caldo o lo que tengas. No te estás muriendo mujer, lo que tienes es hipotermia. Bebe algo caliente lo más que puedas y métete a la cama con ropa calientita y bien abrigada. El problema contigo, mujer, es que siempre estás haciendo teatro; cuando hay que dormir, tú estás haciendo teatro. Ja, ja, ja (siguió riendo). Ya bájale mujer. No seas tan apasionada".

Después le llamé a mi hijo, y él mencionó que lo más extremo que me pudo pasar, es que hubiera perdido los dedos de mis pies, porque el cuerpo responde con un mecanismo de defensa, ennegreciendo los dedos para evitarse más daños.

Esta experiencia realmente me aterrorizó bastante. Me juré que nunca me volvería a exponer tanto.

 # Por andar entre las ramas 

En mi escuela tendría un evento con mis alumnos de cuarto grado, donde presentaríamos Narración oral de Leyendas de origen prehispánico. Mis alumnos se preparaban en busca de textos que debían aprender de memoria al igual que yo, tan sólo para animarlos.

Opté por "La Leyenda del Toloache", para lo cual me enfoqué en conseguir unas plantas de maíz para la decoración, así como utensilios, alimentos, vestuarios y objetos alusivos a esa época y por supuesto, el toloache.

Para conseguir las ramas de la planta de maíz, llegué a un puesto de venta de elotes y abordé al primer empleado que vi. Le comenté mi inquietud y él me sugirió que me acercara al dueño para hacerle mi petición. Fui entonces con el dueño, quien era un hombre como de cuarenta y cinco años, de tez blanca, ojos claros y pasadito de peso. Vestía con un pantalón Levi's, camisa a cuadros y con las mangas arremangadas. Sus manos eran gruesas y rudas. Traía huaraches de cuero, dejando ver sus pies maltratados. Aquel hombre, al percatarse de mi presencia me miró de arriba abajo. Yo llevaba una falda negra entallada, pantimedias transparentes y una blusa color blanco con negro anudada a la cintura. Mi maquillaje era discreto, mi cabello rojizo y rizado bastante alborotado, y mis labios rojos. Con una gran sonrisa me presenté y le expliqué la situación, a lo que él muy cabizbajo me dijo que tendría yo que regresar otro día, ya que tenía que madrugar a las cuatro de la mañana para poder ganar esas ramas. Me explicó que muchos las utilizaban para alimentar al ganado, a lo que yo respondí que estaba bien, que regresaría si él me hacía el favor de conseguirlas.

Cuando me dispuse a marcharme, me dijo que a él lo conocen como "señor Ventura", y que preguntara por él. Y a propósito de favores, me pidió que si le hacía el favor de darle un consejo porque él en ese momento estaba muy triste. Le respondí que, si le podía aconsejar, lo haría. Entonces me contó que salió huyendo del Estado de Durango, debido al crimen organizado, ya que le habían quitado su casa, su troque y su ganado. Dijo que ahora estaba viviendo en Tijuana con su esposa de treinta años y con un hijo de ambos, de tres años. Que estaban forjando aquí su futuro con mucho trabajo y carencias para ahorrar y comprar una casita, pero su esposa había decidido ir a visitar a su familia materna llevándose a su hijo, así como sus ahorros. Me preguntaba, qué actitud tomar, a lo que yo le dije que ella tenía razón, que los extrañaba y ella necesitaba mantener su identidad. Me sostuvo la mirada de una forma diferente, para luego confesarme: "Usted es muy linda y... debo aclarar que mi estado civil es soltero".

Después de darme cuenta de que ese hombre era guapo, bueno, trabajador, de sentimientos claros y nobles, y poseedor de unos ojos hermosos, me atreví a decirle:

"Mire, señor Ventura, yo le propongo que le de quince días a su señora para regresar; si ella no regresa yo me caso con usted y le ayudo con el negocio. Yo tengo experiencia en el comercio y así usted sigue adelante con sus sueños". Esto se lo dije porque, en verdad, si lo vi muy mal y quise evitar que hiciera una locura. El señor Ventura se acomodó su alborotado pelo y me dijo:

"¿De veras, eso haría usted?"

"Sí, usted es un hombre que cualquier mujer podría desear". Respondí con entusiasmo y me despedí.

Volví al día siguiente. El señor Ventura muy apenado me dijo que no había podido conseguir las hojas de milpa que yo ocupaba, pero que otro día madrugaría más. Le dije que no tenía importancia, que mi evento se haría con ramas o sin ramas. Entonces me pidió que si le daba raite en mi carro. Aclaró que necesitaba comprar unas llaves que ocupaba llevar a Mexicali, y que allá estaba iniciando una siembra de riego. Accedí a llevarlo. Al término de sus compras ya nos sentíamos con más confianza. Entonces me dijo que ya hacía hambre y me invitó a comer pollo, pero al llegar al restaurante cercano a su negocio, resultó que el lugar estaba cerrado. Luego me dijo:

"Ahora, usted elija". ¡Me quedé de una pieza! ¿A dónde iría yo con este señor guapo, pero sucio, con huaraches y sombrero? ¡Trágame tierra!

"Esto me pasa por andar muy arregladita. Yo no estoy acostumbrada a esto". Pensé.

Me armé de valor y propuse ir a un restaurante de birria y así hicimos. Al ordenar los alimentos y empezar a comer me dijo: "Usted dispense mis malos modales, pero yo no tengo educación. A mí no me enseñaron nada mis padres, más que a chambear". Le rogué que no se preocupara por eso.

Pronto hablamos de diversos temas:

Comentó que él quería estudiar danza folklórica, que le gustaría aprender a bailar "El Son de la Negra" o "Jesusita en Chihuahua". Le dije que casualmente yo había estudiado un semestre de danza folklórica, pero, había dejado inconclusa la materia, sin embargo, que pensaba retomarla algún día. Me habló de que él admiraba mucho a la Cultura Menonita por ser ellos tan trabajadores, tan unidos, por su amor a la familia y a la naturaleza.

Al día siguiente le regalé una tarjetita tamaño cartera que mandé imprimir, y ésta tenía la imagen de una niña menonita, güerita, con trencitas, que se encontraba arriba de una carreta llena de elotes. Él agradeció el detalle y la guardó en su cartera. Le enseñé a leer mensajes en el celular, a borrar en caso necesario y aprendió muy rápido. Me dijo: "Sabe, le pido mucho a Dios que mi mujer no regrese, que se quede con su familia para yo casarme con usted". "Dios dirá", contesté.

Al siguiente día me presenté de nuevo en su negocio. En cuanto me miró, me dijo: "Estoy muy triste. Mi mujer volvió. Me revisó la cartera y el celular, y la imagen de la niña güerita con elotes… me la rompió".

Me despedí de él, diciéndole que lo sentía, pero tenía que continuar con su vida y yo con la mía. Al día siguiente en mi escuela, a la hora de recreo recibí una llamada; al ver que era el número del señor Ventura, respondí de inmediato, mas no era él, sino su mujer. Aquella voz furiosa a punto de la histeria habló rápidamente:

"¿Usted es la maestra? Me dicen que es una mujer muy guapa, muy segura, alegre y muy platicadora".

"Sí, exactamente así soy yo". Respondí.

"Quiero conocerla". Dijo de forma tajante.

"¿Ah, ¿sí? ¿Seremos amigas o qué?" Dije con cinismo.

"¡Claro que no!"

"¡Entonces no vuelva a llamarme!"

"Él me dijo que salieron a comer, y que" ...

"Sí, señora, comimos juntos, y todo lo que le haya dicho que hicimos, es verdad". Le colgué y nunca más volví a saber de ellos. Luego, pensé:

"Y eso que... que no le di toloache".

— No estamos preparados —

Ayer alguien mencionó que no estamos preparados para la muerte. Y me vino a la mente lo siguiente:

Recuerdo que era un viernes 17 de marzo del año 2016. Eran como las seis y media de la mañana cuando me estaba arreglando para ir al trabajo y pensaba ponerme un vestido de colores con lindas flores porque estábamos a escasos cuatro días de recibir el equinoccio de primavera. En eso estaba cuando recibí una llamada. Era mi hermana Yolanda para decirme que nuestra madre había fallecido. Me quedé congelada, estática, con la mano en el gancho al intentar colgar el vestido. Cuando reaccioné, cambié el vestido floreado por uno de color negro; luego me vestí y salí a la calle. Manejaba como autómata. Había avanzado alrededor de ocho cuadras cuando recibí otra vez la llamada de mi hermana Yoli, y me preguntó: "¿Tienes un acta de nacimiento de mi amá?", respondí que sí y me regresé a buscarla.

No encontré el documento. Volví a subirme al carro. Conducía. Quería llegar pronto, no sin antes llamar a Yoli y decirle que no había encontrado el acta; al responderme, me aconsejó: "Ve a plaza Campestre. Ahí está una oficina que tramita actas de Sinaloa. Me dirigí para allá y no pude adquirirla, ya que argumentaron que en la década de los treinta se inundó la colonia Tierra Blanca en Culiacán, Sinaloa y muchos registros se perdieron.

Manejé con rumbo a casa de mi madre. Iba a entrar a su cuarto cuando me percaté que mi único hermano estaba volcado sobre el cuerpo de nuestra madre y, no entré. Quise darle su espacio para que se despidiera. Mi hermana Yolanda apareció y nos abrazamos, nos dimos el pésame y me dijo: "Necesitamos quien de fe de su muerte. Háblale a tu amigo, el doctor". Así lo hice.

"Ven a mi consultorio y yo te la extiendo", me respondió de inmediato. Al llegar me entregó la constancia de cómo sucedió el deceso de mi madre. Me dirigí a las oficinas de los servicios funerarios y al revisar la constancia de fe, dijeron que faltaba la cédula profesional. Me regresé con el doctor y me puso el sello de ésta y así me la pasé dando vueltas, de trámite en trámite.

Ya eran cerca de las cinco de la tarde, y mi hija (quien era adolescente en ese tiempo) me llamó, me preguntó dónde andaba y que si ya había comido. Sintiéndome ya aturdida, le respondí que no. Me dijo: "venga al restaurante de la glorieta. Acá estamos todos". Fui hacia ese restaurante de comida china. La comida me resultaba insípida. No tenía apetito. Mis ojos seguían nublados. De ahí nos dirigimos a los servicios funerarios donde hubo muchísima gente para acompañarnos y darnos el pésame. Recuerdo que no tuve tiempo de acercarme al féretro, tan sólo vi muchas flores y el retrato de mi madre hermosa, de tez blanca, cabello cano y labios rojos.

Y desde que falleció (hace casi nueve años), día a día le enciendo una veladora, le platico mis alegrías, mis penas, mis logros y mi quehacer de cada día. Ahora entiendo que no la dejo ir, pienso que porque no la despedí. Sin embargo, siento que a mi madre no le debo nada ni ella a mí. Fuimos correspondidas, nos dimos amor mutuo y buena compañía.

Mi tarea era ir seis días a la semana, ponerle una blusa linda, pintar sus labios y las mejillas rojas con su mismo labial. Le hacía su peinado con crepé y le decía lo hermosa que se veía. Ella también me chuleaba y me decía:

"Ese vestido que traes está muy bonito. Yo tuve uno igual". Ella se veía reflejada en mí y yo me veía en ella.

A la fecha la recuerdo con amor, con agradecimiento, y con profunda devoción. Marcó mi vida. Forjó mi personalidad y mi forma de comportarme ante el mundo y, pienso que, de no haber sido así... no sé qué sería de mí.

✨ Ni que fuera mágico

Hay un hermoso lugar cerca del Centro de mi ciudad. Me encanta porque puedo probar los sabores de la gastronomía del sureste de mi país, México.

Cuando di clases en tercero de primaria, tuve un alumno de difícil carácter, y es que no era precisamente el carácter; era más bien que él tenía un déficit de atención, autismo, o algo así que yo no comprendía porque nunca se me preparó para tener la capacidad de detectar ese tipo de trastornos.

Lo que sí sé, es que, desde que llegaba a clases mi alumno (a quien llamaré Luis), me hacía la vida de cuadritos porque agredía a sus compañeros, niñas o niños por igual. Les rompía los lápices, les tiraba los cuadernos, les quitaba sus monedas o hasta el lonche y si alguien reclamaba, él simplemente sonreía. Y a la dirección iba a dar, pero su conducta no mejoraba en nada.

Luis tenía una abuelita como de cincuenta y cinco años, mariachi de profesión, y era la tutora de Luis, pero tan sólo de palabra. Su hija, madre de Luis, era relativamente joven y estudiaba psicología en la universidad. Ella le delegaba toda la responsabilidad a su madre porque no podía con la crianza del niño.

Un día, platicando con los dueños de un conocido establecimiento del Centro, donde venden chocolate caliente, tascalate, tamales y muchas cosas ricas, les conté sobre el inquieto Luis. Al narrarles que estaba en esa difícil situación de Luis, la señora me recomendó que le llevara una pieza de chocolate y que con eso se le iba a quitar lo travieso. Yo pensé: "Mmm, ni que fuera mágico".

Le acepté el chocolate, pero nunca se lo di, porque este establecimiento se encuentra cerca de la Plaza Santa Cecilia, lugar de los mariachis. Y es que, posiblemente la abuelita de Luis y la dueña del restaurante se conocían. Quizás se podría enterar y pues, una maestra debe tener ética y no andar divulgando sus problemas escolares.

 Se lo debo a mi madre

Mi madre dedicaba largas horas a trabajar frente a su máquina de coser. Hacía vestidos de todas las tallas para sus nueve hijas, para ahorrarse unos pesos. A medida que mis hermanas iban creciendo, debido a la influencia de Estados Unidos, ya no querían vestiditos "cursis" y optaban por usar Levi's. Yo era la única que sí quería mis hermosos vestidos, con el color y diseño de mi gusto y con talla a la medida. Mientras mi madre cortaba o cosía, me decía:

"Cuando seas grande y te compres un vestido, recuerda que la tela te debe de gustar al tacto y a la vista. La tela debe tener una bonita caída; jamás se debe de ver "paluda" y tú debes hacer lucir el vestido y no el vestido lucirte a ti. Debe de haber una conexión especial entre el vestido y tú".

Cuando mi madre terminaba de hacerme un vestido, me lo ponía y revisaba cuidadosamente cada detalle para asegurarse de que no tuviera errores en los hombros, las mangas, el cuello, la cintura o en el largo. Luego, con ilusión me ataba las cintas del vestido por detrás. Yo me daba una vuelta completa y me decía:

"¡Qué hermosa, mi hija!"

Por esa razón, prefiero usar vestidos. Cuando entro a una boutique y veo uno, lo tomo, lo examino y me lo pruebo. Si es adecuado para la ocasión (ya sea de día, de tarde, de noche, de cóctel, festivo mexicano o de disfraces), lo compro sin pensarlo mucho. Cuando pasa a formar parte de mi clóset, lo acomodo de acuerdo con su color. Los tengo ordenados y clasificados por sus colores, por sus texturas, sus diferentes largos y tipos de diseños.

El vestido me hace sentir segura, guapa, elegante, sexy, femenina. Si algo amo en la vida es despertar y elegir qué vestido me pondré. Y nunca falta que alguien me vea en la calle y me halague y, eso…

Eso se lo debo a MI MADRE.

10 de mayo de 2022

 # Un dulce regalo 

Mis primeras prácticas de normalista fueron en la colonia Obrera. Un día, con veintiún años, me sentía muy mal debido a unos fuertes cólicos por mi período. Durante el recreo me alejé del patio escolar, porque estaba a punto de las lágrimas. Seguían los intensos dolores. Me tomaba del estómago con los ojos llorosos. Un niño de mi salón llegó de repente; tenía alrededor de nueve años, morenito, cabello desordenado, zapatos desgastados y uniforme roto. Se acercó con prisa y pena. Extendió su mano y me entregó algo envuelto en una hoja rayada de cuaderno, arrugada y sucia. Con timidez y una sonrisa dijo: "Tenga, profe", y sin más se echó a correr.

Abrí con desgano el envoltorio y resultaron ser dos tabletas de chocolate Ibarra. Para no ser descortés, me lo empecé a comer poco a poquito hasta terminarlo. Para mi sorpresa, los cólicos que me estaban matando desaparecieron como por obra de magia. Ese niño transformó mi dolor en una paz como nunca la había sentido. Llegando a casa le comenté a mi mamá y me dijo que, efectivamente, a algunas mujeres nos puede ayudar comer chocolate, por ser un alimento caliente.

Ahora sabía que cuando tuviera cólicos, con sólo comer un chocolate, éste menguaría el dolor menstrual. Descubrí que comer chocolate me hace feliz y quienes me conocen lo saben.

Cuando fui maestra de grupo, tenía un compañero conserje de muy difícil carácter y de todo se quejaba. El hombre se metía ideas en la cabeza y alegaba que lo hacíamos trabajar el doble. Tenía tantos años laborando en la escuela, que se sentía el dueño de ésta. También tuve un alumno de nueve años con tendencia suicida. Su mamá me dejó paralizada cuando me lo confesó:
"Profe, a este niño le ha dado por querer matarse. Pero ya le advertí que la próxima vez que intente matarse, yo lo voy a matar a él. A ver si entiende, maestra".

Alguien me recomendó que para cambiarle el carácter a ambos (conserje y alumno suicida), que diariamente les diera un par de chocolates en miniatura, de esos americanos. Procedí a adquirir un paquete grande y costoso de chocolates. A escondidas de los demás compañeros y alumnos, comencé a darles los buenos días y sus chocolates al conserje y al niño. Muy contentos y agradecidos me los aceptaban. Al cabo de tres meses empecé a ver cambios de temperamento y actitud en ambos. Sin embargo, eran más notables dichos cambios en el conserje; se le empezó a quitar lo gruñón. Ya sonreía y saludaba por las mañanas, e incluso se acomedía a cargar algunas cosas pesadas para mí.

Me alegré mucho con las mejoras observadas, tanto en mi alumno como en el conserje. Poco después, por comentarios de un compañero del conserje, supe que los cambios se debieron a que él pensó, que yo me estaba enamorando de él. Cuando supo que las cosas no eran así, volvió a ser el mismo gruñón de siempre. Y sobre el niño suicida... él siguió intentándolo otras veces, porque según me enteré, su locura era hereditaria. Tanto a él como a su madre se les canalizó con un psicólogo.

⊷ Mi reflejo ⊶

Durante mi graduación de normalista en El Campestre, llevaba un vestido beige hecho por una amiga de mi mamá, basado en un diseño de revista. Toda mi familia estaba presente, pero yo sólo veía al chico que me gustaba, aunque él me ignoraba totalmente.

Fui al baño a sacar mi tristeza llorando. De pronto una señora extrovertida y bien vestida se me acercó para preguntar por qué lloraba. Al principio la ignoré, pero luego me invitó a acercarme al espejo. Me recordó que era joven y que estaba rodeada de mi familia. Me dijo que ningún hombre merecía mis lágrimas y me pidió que le prometiera no volver a llorar por ninguno.

Más tarde reflexioné y comprendí que esa mujer era una versión futura de mí misma. Ahora que tengo sesenta años, confirmo que ese consejo ha sido valioso: ningún hombre merece mis lágrimas, salvo para cerrar capítulos necesarios.

— El par de viejitos —

En una ocasión me dio por seguir a Enrique Chiu, un pintor muralista de la ciudad. Él busca proyección con su labor social que hace al pintar el muro de Playas de Tijuana; con su obra muestra lo que sucede en relación con los migrantes. Y fue ahí donde conocí a una mujer, admiradora de Enrique. A partir de ahí nos encontrábamos en eventos sociales con frecuencia. En una ocasión fue a verme actuar en la obra musical "Cuento de Cabaret", la misma que musicalizó el reconocido grupo "Los Moonlights".

Cuando finalizó la obra, ella (siendo honesta, olvidé su nombre) se acercó para felicitarme. Dijo admirarme mucho y a su vez me obsequió dos imágenes; eran de dos ancianos de aspecto indígena, un hombre y una mujer. Me pidió bautizarlos como yo quisiera, y elegí dos nombres que empiezan con "J", que debían ser privados por lo que representan. Me dijo: "pídeles lo que tú desees y te lo van a conceder".

Tiempo después, durante la pandemia, en mi desesperación por no tener actividad como actriz, les pedí trabajo. En ese tiempo estaba por nacer mi nieta Ana Rebecca, lo cual me causaba mucha ilusión. Mi mayor deseo era verla salir del hospital, tenerla entre mis brazos y verla crecer día a día. Después de esa primera petición al par de ancianos, me llegó una oportunidad. Una actriz que me estima mucho me invitó a participar en los programas de televisión de la ciudad de México: "Como dice el dicho" y "La rosa de Guadalupe". Ella me aseguraba que mi participación era un hecho, pero le respondí que no, que no era el momento porque mi interés estaba en mi nieta. Aunque mi yerno me decía que fuera tras mis sueños, pero decidí quedarme y no me arrepiento por la satisfacción que me generó ver crecer a mi nieta y todo lo que hemos convivido y amado.

Cuando tomo las imágenes de esos ancianos en mis manos, pienso en la frase que dice: "cuidado con lo que deseas". Los tomé como padrinos en el ámbito de la actuación. Confieso que me han concedido el obtener varios proyectos.

A mi amiga ya no la volví a ver. Pareciera que nuestras vidas se cruzaron sólo para que ella me regalara ese par de imágenes, para que cumplieran mis deseos de continuar actuando y logrando nuevos proyectos.

Por siempre estaré agradecida con este regalo, pero... créanme que cuando solicito algo, lo hago con mucha cautela, porque tampoco quiero pedir por pedir y luego fallarles.

Mi par de viejitos... ellos saben que les tengo fe.

Dicen que soy puro teatro

Puro Teatro

Parte 2

 # La Abuela de Anastasia 

Acudí a una audición para ser la abuela de "Anastasia, El musical", el cuento clásico. Obra que llevaría a cabo el director César Neón. Me indicó decir unos diálogos que se usarían en la puesta en escena y le gustó mucho. A la brevedad me mandó un correo donde me felicitaba por ser parte del elenco. Mi nieta sería Reyna Soledad (hija).

Los ensayos se llevarían a cabo los domingos. La obra iba muy bien porque Reyna, además de ser una talentosa y bella joven, canta maravillosamente.

Cuando César nos animó a entrar a esta producción, dijo que hiciéramos una aportación económica y, yo la hice de la mejor manera, porque esto aseguraba que nuestro vestuario estaría a nuestra medida. Yo, vanidosa que soy, pues lo hice pensando en que mi vestuario sería semejante al de la realeza.

Se llegó el día de la presentación en la Casa de la Cultura. La obra se vendió a una asociación para beneficencia. César nos citó a las tres de la tarde para abrir el telón tres horas después.

Todos llegamos puntuales. Entramos a camerinos y nos empezamos a maquillar y a peinar, para lo cual nos apoyamos unos a otros. César debía llegar en cualquier momento con la escenografía, la utilería, el vestuario y los accesorios.

Llamó por teléfono como a las tres y media y dijo que su abuelito había fallecido y que andaba realizando trámites en el gobierno. Nos dieron las cuatro, las cinco y César no llegaba. Reyna Soledad (hija), con una rápida llamada a una persona conocida nos solucionó todo; cosa que agradezco porque un personaje de la realeza necesita parecerlo, requiere de un vestuario especial, joyería elegante, un trono, y esta talentosa señorita como pudo solucionó algo que no le correspondía.

Toda la producción estaba inquieta, molesta, dudando si presentarnos o no, pero el público no tenía la culpa y decidimos salir con todo, sacar la casta, pese a tanta desorganización. Entonces nos presentamos dando nuestra mejor cara, actitud y actuación. El público, el cual era bastante, aplaudió y nos dedicamos a nuestras actuaciones, concretando la presentación.

Nos reunimos después, pues se llegaba el momento de que nos pagaran por haber actuado. La primera que pasó fue Reyna Soledad a hablar con César. No supe cuánto le pagaría, pero él le preguntó si quería continuar haciendo más presentaciones y ella respondió que sí. Sin embargo, agregó que, si alguien se negaba a seguir con la obra, su respuesta sería similar. La siguiente en pasar fui yo, por ser mi personaje el segundo en importancia y… me ofreció doscientos pesos como pago. Me pareció ofensivo y se los rechacé. Luego me hizo la misma pregunta: que, si estaba de acuerdo en continuar, a lo que rotundamente y con determinación le dije que no.

El proyecto se terminó. Eran demasiadas sus promesas y no las cumplía.

César tenía otro proyecto con muchos actores del elenco. Se trataba de una obra de teatro con relación al día de muertos: "Hasta los

Huesos". Nos presentamos en Plaza Galerías, y al finalizar, César nos invitó al cine, a ver la película "Coco". Le pedí que no comprara mi boleto porque en ese tiempo me causaba ansiedad entrar al cine.

Me quedé sola en la plaza, vestida de catrina, pero me llevaría una grata sorpresa. Tanto niños y adultos que andaban disfrutando del programa de día de muertos, me señalaban con alegría. Decían que me había salido de la película "Coco". Me causó gran asombro y emoción ese comentario. Pronto sucedió que todos querían tomarse fotos conmigo. Fue una situación muy bonita porque me hicieron sentir como una estrella de cine en ese momento.

Después de muchas fotos pasé al cine a ver la película y así comprobar el por qué me parecía al personaje de "Coco". Y resultó que sí, pues yo era una catrina similar a los personajes de tan estupenda película, que me hizo llorar al recordar a mis seres queridos.

Y, a propósito de esta bella historia, hice un viaje a Michoacán un año antes de que falleciera "mamá Coco". Pude conocer su casita y a sus hijas, pero no pude ver a María Salud (nombre de pila de la señora Coco) porque se encontraba enferma. Pude comprar accesorios y tomarme la foto del recuerdo con un cartel de mamá Coco. Fue una bonita experiencia estar en ese pueblito pintoresco de nombre: Santa Fe de la Laguna, del municipio de Quiroga, de nuestro país México.

 # Un hombre generoso 

Hablar de Gilberto Corrales es hablar de un maestro generoso, que si tú eres su alumno querrá enseñarte todo con la finalidad de que tengas las herramientas para ser un excelente actor o actriz. Cuando me enseñaba las técnicas, yo solía hacer un comparativo imaginario con la película de Karate kid:

"Hazlo, trabaja y cuando lo realices lo harás de una manera muy natural". Y así lo hice.

Gilberto parte de un laboratorio donde él observa, convive con sus alumnos, toma en cuenta sus intereses, sus traumas y sus inquietudes. Todo eso lo registra para finalmente hacer una obra y decir al público lo que le aqueja a la sociedad, pero siempre haciendo un estudio a fondo del tema a tratar.

Tuve el placer de estudiar en varias ocasiones con él y su grupo "Teatro en el Incendio". Todos eran muy profesionales; para ellos es tan importante utilizar el lenguaje corporal, la improvisación, construcción del personaje y la comunicación.

Tuve la fortuna de que escribiera una obra de teatro para mi amiga Mayte Cárdenas y para mí, titulada "Los Perfumes de la abnegación". Lucimos unos vestidos de época, de los cuales él mismo eligió la tela y diseño. Utilizamos un teléfono rojo, instrumento por el cual nos comunicamos y según se sabe, este teléfono rojo existe en las oficinas de gobierno y únicamente se utiliza para transmitir un mensaje de mucho peso.

En el escenario se utilizaron cientos de rosas rojas y muchos cuadros que colgaban de la pared. Esta obra me encantó. La presentamos dos veces en el Instituto de Cultura de Baja California (ICBC).

Teatro popular

Conocí al maestro Pedro López Solís, alias El Cuervo, en el Café Praga, ubicado en avenida Revolución. Este Café suele ser un punto de encuentro de artistas locales; si quieres conocer la cartelera artística de Tijuana, ahí encontrarás las promociones.

Un día fui con mi amiga Mayte y me presentó al señor Pedro, y al momento le comentó:

"A Ana María le gusta hacer teatro". El maestro me miró de arriba abajo y me dijo: "Nos vemos en la Biblioteca del Parque teniente Guerrero". Enseguida me proporcionó sus datos. Me presenté el día acordado y pronto me dijo:

"Serás guardia de seguridad en la obra de teatro 'Nora' de Emilio Carballido".

Así ensayamos pocas semanas y nos presentamos en la mencionada biblioteca. Después, él consiguió que nos presentáramos en el audiovisual del IMAC. El maestro, quizás al verme muy metida en mi papel de una guardia de seguridad, tuvo la siguiente idea:

"Ana, ve afuera y hazle la vida de cuadritos a todos los que van a entrar".

Muy obediente salí y empecé a dirigirme a todos y les di órdenes enérgicamente:

"Por favor, quiero dos filas, una de hombres y otra de mujeres. No pueden pasar con bebidas. ¡Los niños no pueden entrar!"

Las personas se empezaron a molestar al grado de querer hablar con el encargado del IMAC, cosa que no sucedió porque no había tal encargado.

Minutos después las personas pasaron a presenciar la obra de teatro "Nora" y lo primero que vieron fue… a mí como actriz, formando parte del elenco. De este modo se dieron cuenta de que todo fue una broma de mal gusto. El maestro Pedro me felicitó, argumentando que había actuado muy bien. La Nona, señora madre de la actriz Elva Buck, puede dar fe de lo que narro.

Poco tiempo después, la actriz que hacía el papel de Nora no pudo continuar con el proyecto y el maestro me otorgó el papel. Presentamos la obra en el patio de IMAC y estuvo muy original, porque la obra se desarrollaba en un patio y pues ahí afuera se veía ropa tendida que se movía a capricho del viento, y sonaban los cláxones de los carros. Iniciaba la obra con mujeres lavando en un lavadero público de los departamentos habitacionales y ellas hablando mal de Nora porque no llegaba a su casa. Poco después yo iniciaba mi escena sentada entre el público y de repente me ponía de pie y decía: "Yo soy Nora". El público giraba sus cabezas hacia mí, mirándome con sorpresa, porque era algo que no se esperaban.

Eso de hacer teatro popular era muy bonito, porque la respuesta del público es inmediata y positiva. El maestro Pedro López Solís también ofrecía un encuentro de literatura, donde se comentaba sobre escritores clásicos. Nos invitó en una ocasión a subir a un camión de transporte público a leer poemas a los usuarios. El público estuvo muy atento, escuchando y aplaudiendo nuestra participación.

El maestro Pedro era único. Usaba el teatro con causa para apoyar a las personas con necesidades económicas. Lo que se recaudaba (cooperación del público) cuando nos veían actuar, él lo donaba a los necesitados.

¿Campanita, yo?

En una ocasión el maestro Carlos Puentes me invitó a participar en su obra musical "Wonka" para ser una de las abuelitas del protagonista. De mi actuación yo no tenía duda porque conozco la película, pero al integrarme al elenco me doy cuenta de que había muchos jóvenes muy talentosos porque estos estudiaban ballet desde los cuatro años.

El punto es que, el maestro nos ponía a hacer ejercicios de improvisación y una vez puso uno muy divertido. Éste consistía en elegir un personaje que admiráramos, desde Chespirito hasta Mickey Mouse, por ejemplo. Elegí por supuesto a mi personaje Campanita de Disney. El ejercicio consistía en que él nos daría un tema y la consigna sería hacer nuestro rol, pero como si fuéramos el personaje elegido.

El maestro dijo: "Están en una fábrica, confeccionando un pantalón de mezclilla y algo está saliendo mal". Y de pronto dio la orden al grupo: "¡Empiecen ya!"

Con total nerviosismo puse los pies de puntitas. Luego fingía aletear con mis manos, como si fueran alas. Ya iba, y ya venía de un lado para el otro, muda, nerviosa y pensando qué haría yo en esa fábrica de pantalones. Iba piense y piense sin dejar de aletear. De repente el maestro grita: ¡Corte! Y yo... me sentí decepcionada de mí misma porque no se me ocurrió nada qué decir mientras hube aleteado. Con cierta curiosidad, el maestro Carlos me preguntó:

"Ana, ¿quién eras?"

"¡Campanita de Disney!", respondí.

"Muy bien. Demos un aplauso a Anita porque lo hizo muy bien; aleteó y se mantuvo muda como su personaje".

Me reí tanto del asunto. De lo que creí había sido un desastre, el maestro lo vio como un atino de mi parte.

¡Ahora sí que calladita me veo más bonita!

 # Anita Campanita 

Un día les narraba un cuento a mis alumnos de tercer grado, y en eso estaba cuando me llamaron de la dirección. Le pedí a mis alumnos que mientras regresaba hicieran un dibujo de "La ratita presumida". Una alumna hizo un dibujo precioso. Le aconsejé que ella y su mamá fueran el lunes a CEART para ver si podía estudiar pintura. La madre de la niña dijo no tener dinero para la inscripción ni para la colegiatura; yo me ofrecí a hacer tales pagos, y les dije que ellas sólo consiguieran el material. Y así fue como la niña empezó a estudiar los sábados. Aprovechando que me encontraba ahí, le pregunté a la secretaria qué curso me podría ofrecer a mí, y me recomendó "Narración Oral". Me inscribí al momento. Así conocí al maestro Marco Antonio Espinoza.

Cuando inicié las clases pensé que serían fáciles, ya que el hecho de ser maestra me facilitaba las cosas. En una ocasión nos dijo que memorizáramos un trabalenguas, y ahí estoy yo con:

“Pablito clavó un clavito en la calva de un clavito, en la calva de un clavito, Pablito clavó un clavito”. Lo memorizaba en casa, tratando de apantallar a mi profesor y cuál va siendo mi sorpresa que, una vez en clases, al decirlo de corridito, el profesor anunció:

“A ver, Ana, dilo lo más lento y largo que puedas”.

“Pero ¿qué no era rápido, profesor?”

“No, el trabalenguas debe ser lento”.

En otra ocasión, nos dijo:

“Recuerden un poema que se conozcan de memoria, porque me lo dirán en la próxima clase”. De inmediato pensé: “ya lo tengo”.

Llegado el día de la siguiente clase, nos dice el profesor:

“Me van a decir su poema de memoria, tirados en el piso. Empieza Ana maría... arrástrate. Vas por un campo estrecho. Estás en la guerra. Huye de las balas. Un cañón se escucha. Hay granadas por todos lados y el piso puede estar minado. No pares de decir tu poema, no pares... no te escucho, dilo más fuerte. Cúbrete la cabeza, te atacan”.

Y ese poema que pensé que diría de pie y de memoria, de manera fácil, se convirtió en un campo de guerra. Ahí me vieron pecho a tierra, arrastrándome, gritando mi poema y poniendo a prueba mi memoria, entre balas imaginarias y enemigos mortales detrás de mí.

Y así viví mi semestre con un profesor que nos pedía hacer las cosas a la inversa de lo que imaginábamos que sería. Sus enseñanzas me hicieron muy eficiente en el arte de narrar cuentos.

Él me dio las bases para contar cuentos en público, con el volumen de voz acorde al número de público, con la dicción correcta, con la memoria al cien y todo lo que implica estar frente a un público de niños y adultos.

En una ocasión, estando en un Café, mi hija me sugirió que me hiciera una página en Facebook y me pusiera un nombre de cuentacuentos. Ella me sugirió Anita como diminutivo de Ana y campanita por varias razones; me explicó que una campanita es sinónimo de alegría, así como soy yo. Que el sonido de una campanita es sinónimo de buenas noticias, y que mi voz era como una campanita con timbres agudos y graves. También dijo que mi cuerpo, por mis caderas, tenía forma de campana. Y así fue como ella me bautizó como "Anita Campanita".

En una ocasión le comenté a mi hijo:
"Estoy muy contenta porque estoy invitada a un concurso de cuentacuentos".
"Y como siempre, se irá vestida de negro. Yo creo que eso no es agradable para los niños". Respondió, tocando acertadamente ese punto.

Ciertamente me faltaba determinar un vestuario, uno digno de una mujer cuentacuentos. No tardé en ir a una tienda de telas. Me compré una con diseño de flores grandes y con los colores llamativos de verde palo y rosa fiusha.

La costurera me confeccionó un lindo vestido. En donde yo me presentaba, a los niños les encantaba. Este "personaje cuentacuentos" con el mencionado vestuario, quedó inmortalizado en una pieza creada con papel maché de la artista plástica Paty Mayorga.

Pasaron cuatro años y decidí cambiar mi vestuario por un vestido azul y una capa blanca.

La capa luce dos grandes tucanes con flores pintados a mano por artesanos de Guanajuato. La idea original fue de la diseñadora Ángela Nasta, a quien tuve el gusto de conocer casualmente y de tomarnos una foto.

Anita Campanita

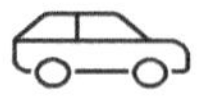 # El Atascadero 

"El Atascadero" es un monólogo del dramaturgo Tomás Urtusástegui. En esa ocasión la dirección y producción estarían a cargo de Claudia Bermúdez del Grupo de Teatro Telón Arriba. Al momento de leer el monólogo me pareció muy divertido. Claudia lo adaptó a nuestra querida Tijuana, que se caracteriza por contar con mucho tráfico vehicular todos los días. Ella me dio el personaje de una mujer "buchona" para hacerlo más interesante y divertido. Así que me puse un palazo muy sexy, una peluca larga y negra, pestañas y uñas largas. Tuve la fortuna de que me maquillara mi amiga artista Katherine Spears y me dejó realmente increíble.

Dicen que, en el teatro, los personajes te eligen a ti. Cuando revisé con Claudia el contenido del monólogo, efectivamente, parte de la trama principal ya me había ocurrido a mí. El monólogo trata de una mujer muy arreglada que va manejando su auto porque va a un evento muy importante y es muy intolerante ante los demás conductores y situaciones a lo largo de su travesía. Se logró un divertido monólogo de comedia que termina así, como su título lo dice.

¿Por qué me identifiqué? Resulta ser que un día estaba yo con mi amiga Mayte, tomando café por la calle Ermita. Era un día, para variar, de mucho tráfico, pues eran esos días en que se exhibe la Feria del Libro. Al estar bebiendo mi cafecito sentí mucho malestar estomacal. Mayte estaba citada con un amigo en Plaza Río y yo debía volver a mi casa.

Cuando nos retiramos del Café, me despedí deprisa por tener de veras necesidad de ir al sanitario. Abordé mi carro y al poner la direccional para poder incorporarme al bulevar Benítez, la conductora que estaba delante de mí no me dejó pasar y le pegué a la defensa trasera de su carro. Se bajó y me armó un escándalo. Trataba de hacerla entender y le ofrecía treinta dólares, y le pedía dejarme ir a mi "urgencia". No entendía razones y entonces le dije que hiciera lo que quisiera. Durante esos momentos de discusión, lamentablemente ya me había ocurrido otro "accidente" y lo último que quería era bajarme del carro. En eso, pasó una patrulla y la señora del accidente lo detuvo. Él habló conmigo al respecto y, yo le decía que procediera, que lo único que quería era irme a mi "urgencia". Total, que quedamos en que le diera los treinta dólares. Luego pensé: "¿tanto para esto?" Y ahí me voy con mi atascadero, lidiando con el tráfico y echando pestes de coraje.

El día dos de agosto, sería la presentación en La Antigua Bodega de Papel, pero por desgracia ese mismo día falleció mi hermano y yo casualmente lo mencionaba en el monólogo. La tristeza y el dolor de perder a mi único hermano desaparecieron mi buen ánimo y energía para presentarme ese día. Solicité a Claudia que me permitiera actuar para la siguiente semana, para recuperarme un poco del triste suceso.

El día de la presentación estaba nerviosa porque era la primera vez que haría comedia, sin embargo, me gustó el resultado y lo disfruté mucho. Lástima que sólo lo presenté una vez. Mis hijos y amigos fueron a verme y con ellos quedé complacida del esfuerzo que una como actriz hace. En mi monólogo, cualquier parecido con la realidad era mera coincidencia.

La niña Esther

Estaba cumpliendo una década de ser parte del grupo "Trashumantes", grupo teatral de mi maestro Paúl Paredes; alumnos nuevos entraban y por sus múltiples ocupaciones no terminaban el semestre y no se podía concretar ninguna obra. En mi desesperación le pedí que me pusiera un monólogo, a lo que él respondió: "busca y encuentra uno que te guste".

Como uno de los dramaturgos más importantes de América es mi contacto en Facebook, nada menos que Hugo Salcedo, lo contacté. Él sabe que yo presenté en una ocasión su obra teatral "El árbol del deseo". Después de saludarlo por Messenger, le solicité que me hiciera el favor de enviarme un monólogo para poder interpretarlo y que, si estaba escrito para mujer, mucho mejor.

Me quedé sorprendida cuando lo hizo inmediatamente. El título era "La niña Esther". Éste me pareció tierno porque sugería la canción conocida "Métete Teté" de CRI CRI.

Fui a imprimir el texto y, al leerlo, me sorprendí por el contenido, sintiendo una reacción física en mi rostro, como si me fuera a dar una parálisis facial.

Pocos días después, al ver a mi maestro Paúl le narré lo sucedido y su respuesta fue:

"Sí, claro, podemos hacerlo".

"Pero, maestro, me provoca asco".

"Por eso mismo, está muy bien. Transmite eso al público".

Me quedé atónita. ¿Cómo iba a decirle a mi maestro que no? Y ni modo de decirle a Hugo Salcedo: "muchas gracias, pero no, no puedo presentar La niña Esther".

No podía negarme a ninguno de los dos. Acepté el reto y resultó interesante construir estos personajes, porque en realidad eran tres.

El maestro Paúl me dijo "yo te voy a ayudar a que odien al personaje malo". Entonces me propuso que fuera un cerdo, puesto que el tema se trata de un abuso sexual. Y pues ahí estoy otra vez, tomando un nuevo reto actoral, que me hizo crecer como actriz y transmitir un mensaje a la sociedad, el de ser más consciente al elegir una pareja sentimental.

En esta puesta en escena no es mucho el marcaje, pero sí la construcción e intensidad de cada uno de los personajes.

Cuando al fin creí tener listo el monólogo, me sentí satisfecha porque el maestro poco me había corregido. Y "el tono" que a veces es lo más difícil de encontrar, ése lo tuve muy claro desde el principio. El maestro quedó complacido y yo también. ¡Lo logramos!

 Ex. Hablemos de amor

Presentar monólogos sobre los ex, siempre causa morbo y comparación. Hablar de las exparejas amorosas siempre será doloroso, porque hay que mencionar lo que quisieras que otros no se enteraran. Cuando tu maestra te pide que escribas sobre lo que viviste, cómo evitarás que se repita y la lección aprendida, escribirlo resulta muy sanador.

"Ex. Hablemos de amor", fue un monólogo que me hizo enfrentar mi pasado, mi realidad, mi dolor, mi fracaso y encontrar mi liberación. Al expresarme con este monólogo, me mostré como una mujer que sufrió, padeció, se enfrentó, se valoró y se empoderó; espero haya sido un ejemplo para alguien que estuviera en una situación similar a la mía.

Al escuchar las canciones de Vicky Carr que fueron el fondo musical: "Ni princesa, ni esclava" y "Discúlpame", se me erizaba la piel.

Cuando creí que mi pieza teatral la presentaría una sola vez, me equivoqué… fueron alrededor de nueve veces. Repetirla me hizo sanar las heridas de traición causadas por un amor del pasado. Al final comprendes el porqué del dicho "más vale estar sola, que mal acompañada".

Compartí escenario con varias compañeras actrices muy queridas, gracias a esta obra "Ex. Hablemos de amor", entre ellas: Claudia Bermúdez, Elva Buck, Katherine Spears, Gaby García, Eva Ángelo, Alejandra Hollman, María Núñez, Elizabeth Mondragón, Lucy Ávila, Thalía Rivera, Evelyn Jiménez y Alma Soto.

— Teatro de Cabaret —

A finales de noviembre de 2018 pensé que ya culminaría el año sin ninguna presentación o aprendizaje alguno. Y cuál va siendo mi sorpresa que Gonzalo García del grupo de teatro "En el Incendio" hizo una invitación para su primer "laboratorio de Teatro de Cabaret". Luego vino a mi mente que sería el momento de usar medias de red, poca ropa, plumas y joyas. Y cuán equivocada estaba, al ingresar al taller, lo primero que nos dijo Gonzalo, es que el Teatro de Cabaret no es precisamente eso; no es necesario que el vestuario sea así. Se trata de presentar un monólogo con protesta social, donde se deje un mensaje, pero de manera cómica, utilizando herramientas como el baile y el canto.

Lo primero que nos preguntó, fue, qué era lo que nos preocupaba en nuestra sociedad. Yo inmediatamente pensé en las personas de la Tercera Edad. Por qué si tanto nos dieron, tanto trabajaron y se sacrificaron, al ser mayores nos olvidamos de ellos y los abandonamos a su suerte. De ahí nació el monólogo "Doña María", inspirado en mi mamá, y en esa alegría que la caracterizaba. También en sus nueve hijas, en su único hijo varón, en su perrito Blas y en la tecnología actual. Así que eso de vestir medias de red y plumas quedó muy alejado de mi personaje, ya que éste sería una viejecita con arrugas y cabello canoso.

Presentarlo fue una experiencia muy bonita ya que, narré las anécdotas familiares de manera chusca. El grupo de alumnos nos presentamos el día ocho de diciembre en "La Antigua". Di lo mejor de mí en el escenario, disfrutándolo en cada momento.

Al concluir mi presentación, que resultó muy dramática, un señor me esperaba. Me dio la mano para ayudarme a descender los escalones, luego me abrazo, lloró, y me dijo:

"Muchas gracias por abrirme los ojos. Ahora mismo iré con mi madre". Para mí eso fue realmente emotivo y sonreí porque cumplí el cometido de hacer reír y que el público reflexionara.

Gonzalo es un excelente actor y maestro. Es muy disciplinado, paciente, tolerante, te apoya y te da la oportunidad de construir lo que tú tienes en mente. Al final me dijo: "Este monólogo es tuyo. Preséntalo tantas veces como quieras", cosa que no puedo decir de otros maestros que se apropian de tu trabajo. En otra ocasión lo presenté en el Cine Libertad en apoyo al bailarín Yan Martínez. Él solicitaba recursos financieros para mudarse de ciudad en espera de mejores oportunidades. Claudia Bermúdez y yo le dimos la mano. Yan estuvo espectacular como bailarín y Claudia, no se diga, pues es genial dominando la comedia.

 # Misivas Amorosas 

El maestro Marco Antonio Espinoza formó un grupo teatral, al que nombró Ruptura Teatro. Me parecía un nombre como de mal agüero, y al parecer fue así. Al iniciar los ensayos en línea para participar en su nuevo proyecto, llamado "Misivas Amorosas, el Messenger del pasado", surgieron dificultades con el primer actor que elegimos. Hubo desacuerdos con sus constantes "ideas brillantes" para aportar a la obra, y el maestro sintió que se invadía su autoridad como director. El conflicto se agrandó, no se dieron las cosas, y surgió la ruptura. Me había quedado sin compañero de escenario.

El maestro me preguntó si tenía algún actor conocido y que además cantara, y yo le recomendé a Héctor Buelna, quien es un caballero, un amante de la poesía, de la escritura y del canto. A Marco Antonio le pareció interesante, lo llamó para ofrecerle el rol que había quedado vacante y Héctor lo aceptó inmediatamente.

Héctor y yo fuimos varias veces a casa del maestro para realizar los ensayos. Y en verdad, debo confesarlo... experimenté lo mismo que yo les hacía sentir a mis alumnos de tercero y cuarto grado; los estresaba al momento de montar una obra de teatro. Los llevaba al límite, pero por falta de tiempo, ya que a veces sólo contábamos con quince días para ensayos, previos al evento. Sentía que "estaba pagando las que debía", como dicen. El maestro nos exigía bastante. Yo como quiera, siendo amante del teatro, pero Héctor no estaba acostumbrado a tanta presión. Él quería despedirse antes de debutar, y estuvo a punto de abandonar el proyecto, pero aun así aguantó todo hasta el final.

Poco a poco, con paciencia de todos se logró sacar una obra preciosa, fina, que hacía alusión al romanticismo de otra época. En ella leíamos misivas de amor de diversos personajes (algunas muy sensuales y atrevidas). También actuábamos, narrábamos anécdotas de amores frustrados, cantábamos boleros, coqueteábamos y hacíamos bromas derivadas de los textos leídos. Nos vestimos muy elegantes, brindamos y realmente todo fluyó, y entre las anécdotas interactuamos con el público.

Este evento lo presentamos en ICBC. El público hizo notar varias veces su júbilo por lo que vio y escuchó. Los comentarios y elogios del maestro fueron muy buenos hacia nosotros los actores. Había satisfacción en los tres por el éxito conseguido. Pero sin duda, había sido el resultado de un arduo trabajo del maestro Marco Antonio.

Pero, lo más insólito sucedió en el Sindicato de maestros jubilados federales, pues nos dieron la oportunidad de presentarnos un día catorce de febrero y pudimos cobrar ciento cincuenta pesos por persona. El salón estuvo totalmente lleno. Aun antes de la presentación, la maestra encargada de culturales nos pagó cerca de diecinueve mil pesos. En toda mi vida de actriz, jamás había recibido una extraordinaria cantidad de dinero. A lo más que había reunido por día eran unos mil pesos. Pero aquí no, aquí había recibido más de siete mil pesos para mí solita, y en una sola presentación.

La obra quedó muy bonita, podría decir que corregida y aumentada con respecto a la primera presentación. Todo se dio así porque confiaron y valoraron nuestro trabajo. Por siempre estaremos agradecidos con estos maestros jubilados.

Dicen que soy puro teatro

De esos instantes 

Para mi maestro Paúl Paredes, una de sus principales recomendaciones es que cada vez que vayamos a interpretar un personaje, debemos de crearlo con todas sus características físicas, sociales, culturales y psicológicas.

En esta ocasión, para interpretar a Noemí me inspiré en una vecina que vivía en mi colonia cuando yo tenía cerca de diez años. Todos decían que la señora Beny se dedicaba a la vida galante. La elegí a ella primeramente porque es mucha suerte tener una vecina como Beny, una mujer sinaloense, mayor, guapa, alegre, presentable, vanidosa, mal hablada, franca y por dedicarse a la actividad de mi personaje.

Aclaro que no me consta que la señora Beny se dedicara a tal actividad, pero era lo que se decía y yo me quedé con esa impresión. Lo menciono porque, a medida que yo iba creciendo, ella seguía pasando por mi casa, como si el tiempo no transcurriera. Ella seguía siempre su misma rutina: caminando a deshoras a su misma actividad y con la misma actitud. Ella sabía que era señalada, pero eso a ella le valía un bledo; parecía que había nacido para eso y lo disfrutaba, aunque seguramente cargaba tristezas y amarguras que ella lidiaba a solas, así… como mi personaje llamado Noemí.

En una ocasión fui a desayunar con mis amigas, y aproveché para mostrarles el cartel de publicidad del Monólogo que presentaría en ICBC que era "Noemí, el último instante". Después fui al salón de belleza "Karla", que está en el Centro Comercial Limón, mismo que se localiza por donde viví cerca de treinta años. Entré y solicité que me peinaran. Y en ese mismo momento entró una señora de la tercera edad; pronto se sentó y también pidió que la peinaran. Empezó a platicar sobre sus anécdotas con su hijo, sobre los comentarios que él hacía y ella argumentaba:

"Yo no estoy vieja". Mientras la escuchaba hablar, pensé: "Lo ha dicho tal como lo diría Noemí". Entonces la reconocí por su voz… era ella, la señora Beny.

La señora dijo tener ochenta y ocho años, pero que ella aún se sentía joven, guapa, saludable, alegre, con energías para disfrutar la vida, y que atribuía su longevidad y belleza a que ella de joven nunca consumió dulces, pan ni leche. Pensé: "Sí ella supiera que ha sido mi fuente de inspiración para crear mi personaje Noemí...".

Mientras nos peinaban yo decidí escucharla con atención y empaparme de su personalidad. Hablaba con tal alegría, seguridad, maldad (disfrazada de cariño), actitudes hacia sus sobrinas en su vida cotidiana, que se me hacía tan divertido y lógico su modo de llevar la vida. Como ejemplo, diciendo a una sobrina que vino de visita a Tijuana:

"Tía, ¿me prestas un suéter? Tengo frío".
"Pero si ya te he dicho, cabrona, que en Tijuana nomás dan las cinco y hace frío. ¿Por qué no te traes un pinche suéter, pues?"
"Préstame uno, tía".
"¿Para qué, cabrona?, si ya sé que no me lo vas a regresar".
"Pero, usted tiene muchos".
"Pues sí, cabrona, pero son míos".

Era una conversación de dar risa por el tono en que lo narraba. Cuando nos terminaron de peinar, ambas quedamos satisfechas por cómo nos dejaron las estilistas. Me acerqué y le pregunté si me reconocía y dijo ser muy mala fisonomista. Le recordé que yo era hija de doña Panchita, la señora de la tienda San Miguel, y, entonces ya recordó que éramos muchas hermanas. Me presenté y le dije que era actriz y que iba a presentar un monólogo. Le expliqué que había creado mi personaje pensando en ella, y que esperaba no ofenderla, a lo que me respondió:

"No, muchacha, ¿por qué me voy a ofender?"

Por supuesto que las fotos del cartel mostraban mi imagen como una mujer de la vida galante. Lo traía enrollado en mi bolsa y lo saqué para mostrárselo. Le pedí permiso para tomarnos una foto, a lo cual accedió encantada. Le mencioné la fecha de la presentación y le regalé el cartel. "En cuanto tenga los boletos, le regalaré un par para que vaya a verme", pensé.

Le pregunté que, si aún iba al bar y me respondió que sí. Le mostré mi interés por conocer el lugar, a lo que me respondió que ahí había puras viejitas de noventa años vendiendo cueros, y que no me sería grato lo que vería. La abracé y le dije que me encantaría que fuera a verme, y enseguida se subió al carro de su hijo. Iba muy guapa, contenta y apurada por ir a su reunión.

Ese día sentí que acababa de vivir uno de esos instantes que el universo te regala para ser mejor, en mi caso, una mejor actriz.

Dicen que soy puro teatro

 # Nació para ser actriz 

En 2014 impartí un taller de narración oral en el Centro Estatal de las Artes (CEART Tijuana). El taller fue integrado por jóvenes y adultos. Algunos alumnos descubrían la pubertad, mientras otros tenían arriba de 30 años. Al taller asistieron maestros de profesión, uno contador público, estudiantes de secundaria, etc.

Mi propuesta fue impartir el taller con las herramientas del teatro, la gran escuela de la interpretación. Fue entonces que conocí a Ana María Verdugo, una mujer con gran presencia y buen manejo de la voz. Ana María acudió al taller, y de inmediato descubrí que tenía sustancia y talento para la interpretación.

Una de las tareas implementadas en el taller, fue el desarrollo de la biomecánica, el movimiento, reconocer el cuerpo expresivo. Así a la vez, el trabajo de la voz, el manejo de las energías, la improvisación, la interpretación y el juego escénico. Para poder interpretar a una serpiente se requiere de imaginación, para caminar como un gato, un avestruz, o volar como un águila, se requiere de la imitación, del querer jugar, tal como lo hacen los niños. En ocasiones los adultos muestran resistencias, ya que su condición de "personas adultas", no les permite el juego; y en muchas ocasiones se ven limitados en la expresión. Este no fue el caso de Ana María, quien interpretó a una maravillosa serpiente que se desplazaba a través del espacio, arrastrándose con gran fuerza, y a la vez con una energía seductora.

"Aquí hay una actriz", pensé, y no dudé en llegar a esta conclusión. Y efectivamente, Ana terminó el taller, siendo una de las mejores alumnas. Agradecido estoy con ella, cuando me menciona que yo fui, de alguna manera, el culpable de que ella continuara estudiando teatro.

A Ana María la he visto en el escenario interpretando monólogos y dando vida a variados personajes, siempre con gran disciplina. También ha estudiado actuación con otros maestros y directores teatrales. Ella ha incursionado en el cine y en televisión, participando en cortometrajes, obras audiovisuales, comerciales, etc.

Fue parte de un proyecto cinematográfico que dirigí en 2017, "Rafa de Tijuana", interpretando a Esperanza, una mujer mayor que resguarda secretos que irremediablemente, ya no pueden permanecer ocultos. También fue parte de "Misivas Amorosas, El Messenger del Pasado", un espectáculo de lectura de cartas de amor y boleros, al lado del reconocido escritor José Héctor Buelna. Aquí Ana aportó su talento histriónico, contagiando en todo momento al público que se volcó en carcajadas, disfrutando así del espectáculo.

Ana María Verdugo Gastélum nació para ser actriz, y día con día sigue preparándose en el arte de la interpretación de la vida, y no dudo que en un futuro logre conmovernos con una de sus actuaciones, ya sea en cine, en teatro, o en cualquier otro escenario.

Maestro Marco Antonio Espinoza
Director de teatro y cine.
Actor y dramaturgo.

Dicen que soy puro teatro

 # Autobiografía 

Yo no tengo la culpa de haber nacido siendo parte de un par, ni de ser la única que sobrevivió de las dos. Muchos accidentes he tenido, pero me aferro a la vida como lo hace cualquier mortal que ama vivir. Nací con torta bajo el brazo, con alimento, ropa, protección, buena estrella, buena condición física, habilidades artísticas y pasión por lo que me gusta.

Me doy a los amores y a la amistad, pero si alguien se retira, le doy mi bendición. No disfruto de un amor a medias, ni de presencias ausentes.

Soy apasionada en las relaciones. Soy exigente en el compromiso. Soy sensible ante el mundo. Soy artista porque me nace serlo y lo disfruto. Mi madre me enseñó su propio himno a la vida, el de vivir día a día. Ella me dijo: "vístete, baila, canta, sonríe, entrégate con cada partícula".

Quiero morir vieja, bella, sonriendo, dejando huella por haber tocado fibras de almas que se sensibilizaron y se motivaron. Y quiero irme sabiendo que siempre di lo mejor de mí.

 La trinidad del Arte visual 

La pintura de la portada de este libro, con mi vestido rojo y los brazos extendidos es una obra realizada por los Trillizos Torres Pacheco. Ésta indica el cierre de una relación tóxica y al final me muestro como la mujer que soy: feliz, independiente, realizada, empoderada, amada y valorada. Asimismo, muestra a una mujer que cada día se esfuerza por ser mejor y que se ama a sí misma, sin esperar que alguien más la ame.

La fotografía que inspiró dicha obra de arte me la proporcionó la actriz Elva Buck, que me encantó. Después, mis amigos, los talentosos "Trillizos" la convirtieron con su magnífico arte pictórico, en un hermoso cuadro que adorna una pared de mi casa. En ella se muestra la dualidad de la actriz y Anita Campanita, la cuentacuentos.

Trillizos Torres Pacheco son: Leonel, Lorenzo y Luis Torres Pacheco, nacidos en Tepic, Nayarit, México en 1996. Ellos se consideran como una única entidad artística y un colectivo artístico natural.

— Inolvidables Compañeros Actores —

Desde que descubrí mi pasión por el teatro me di a la tarea de tomar cursos, talleres y todo lo que me ayudara a profesionalizarme. Puedo decir que he tenido la suerte de tener a los mejores maestros, entre ellos: Paúl Paredes, Marco Antonio Espinoza, Gilberto Corrales, Paco MUFOTE (QEPD), Carlos Puentes, Gonzalo García, Claudia Bermúdez, Ana Riojas, Pedro López Solís, Gilda Salinas, Manuel de Jesús Hernández, Saúl Arreola, Ángel Silva (QEPD), Cesar de León y a Diego Barney.

Y directores de cine como:
Johnson Alan
Marco Antonio Espinoza
Katia Nabil: ¿Y fueron muy felices?
LuisFher Palatton: Alas Rotas.
Esteban Franco: El hijo pródigo.
Joaquín Cariño: La loca no tiene con quien platicar.
Esteban García Vega: La Visita.
Migdaél Pachuca González: Niña con muñeca.
Liza Mejía: No seas rebelde.

Israel López: La casa en la playa.

Compañeros actores que compartimos escenario y grandes momentos donde nos apoyamos, compartimos estrategias, métodos de actuación, y tengo la dicha de disfrutar de su amistad:

Migdaél Pachuca González, Olivia Arias, Gloria Estrada, Ricardo Agúndez, Fernando Paredes, Bryan Molina, Diego Armado Cano, Dania Covarrubias, Betsabé Perales Serrano, Brenda Ortiz Zúñiga, Mario Alberto Lucena, Samantha Flores, Alejandro Díaz, Eduardo Sánchez Diaz, Sandy Zamora, Moisés Brizuela, Sheyla Briones, Ángelo Salvatore, Armando Muñoz García, Juanita Walsh, Leopoldo Urías, Liza Mejía, Alejandra Landa, Beto Rojas, César Villa, Génesis Moreno, Arely Franco Flores, Mayte Cárdenas, Bianca Barahfu, Alejandra Hollman, Yan Martínez, Cesar Augusto Cesar, Claudia Bermúdez, Elva Buck, Katherine Spears, César Manjarrez, María Núñez Peña, Thalía Rivera, Tadeo Meza, Evelyn Jiménez, Araceli Zavala, Lucy Ávila, Karina Solorzano, Alma Soto, Mary Conde, Olga McFarland, Irineo González, Ve Ollervides, María Emilia

Ollervides, Betina Ramírez, Priscila Talavera, Tabe Mejorado, Gerardo Wilfrido Trujillo Barraza, Rosy Torres, Julio César López Malo, Eric Ramírez, Reyna Soledad, Mariana Páez, Magaly Páez, Jorge Luis Raddz, Jorge Ramírez, Patricia Irene Manríquez, Pedro Chávez, Antonia Haros Salas, Belia Quintanilla, Sandra Valdez, Juan Luis Haro Ávalos, César de León, Karloz Rogel, Fernando Lobo, Axel Madrigal, Mario Vargas, Angelito Walsh, Aarón Ruiz, Paula Lara, Marco Santillán, Graciela Noriega, Óscar Kraus, Elizabeth Mondragón, Gaby García, Luis Ángel Prado, Lady Blue, Tato Monraz y José Héctor Buelna.

Y recordar a mi gran amigo Celerino Peña Preciado (QEPD).

Actores y actrices con quienes compartí cine:

John Michael de Wall, Katia Nabil, Luis Alberto Cantabrana, María Elena Bañuelos, Salvador Pelayo Frías, Ángel Soto Gastelo, Jaremi Hernández, Miriam Gutiérrez, Mariano Sanc, Exal Aarón Venegas López, Bethsibet, Jaremi Hernández, Arumi Vargas, Liliana Díaz, Ángel Prado, Leo A. Huerta, Daniel Piñero, Eva

Ángelo, Grisel Avilés, Rosalinda García, Katherine Spears y mi amigo Paco MUFOTE (QEPD).